500 Hidden Secrets

NEW YORK

BRUCKMANN

EINLEITUNG

Wer dieses Buch ausgewählt hat, besitzt Entdeckergeist und gibt sich nicht mit dem Üblichen zufrieden. Wir haben es für all die Leser geschrieben, die nach mehr Tiefe und dem aktuellen Zeitgeist von New York suchen.

Die Tipps in diesem Buch stammen von zwei Autoren, die den Lebensstil von NYC schätzen und dem Leser helfen wollen, in einem überwältigenden Angebot die richtige Auswahl zu treffen. Das Buch beginnt mit dem Essen und deckt sämtliche Varianten ab, von günstigen Mahlzeiten bis zu aufwendig inszenierten Verkostungen. Außerdem werden ungewöhnliche Museen, Denkmäler und historische Highlights genannt, die wirklich aufschlussreich sind. Wird es Zeit für einen Cocktail, einen Kaffee oder ein Glas Wein? Wir schlagen bewährte Lokale vor. Und wenn es Naturgenuss sein soll, so nennen wir Ausflüge innerhalb der City – ob auf dem Wasser oder in die Parks – und Mini-Touren in die Außenregionen. Außerdem verraten wir die tollsten Shopping-Spots und Ideen für unterhaltsame Nächte oder empfehlen Hotels, die den Aufenthalt optimieren.

NYC ist ständig in Bewegung. Unsere Auswahl tendiert eindeutig zu den kreativen Happenings in Brooklyn, doch auch Queens spielt hier eine Rolle, während die Insel Manhattan zunehmend exklusiver und teurer wird. Der Schwerpunkt in Manhattan liegt auf den besten Tipps fürs Nachtleben, Essengehen und Shoppen. Midtown ist noch immer das Zentrum für Unternehmungen tagsüber und den Theaterbesuch am Abend. Wir hoffen, dass unsere Insidertipps die Reise unserer Leser unvergesslich gestalten und sie dazu inspirieren, ihre eigenen New-York-Schätze zu entdecken.

ÜBER DAS BUCH

Dieser Reiseführer listet 500 Dinge in 100 Kategorien auf, die man über New York wissen sollte. Die meisten Tipps sind Orte, die man besuchen sollte, oft verbunden mit praktischer Information, wie man dort hingelangt oder wie man Plätze reserviert. Andere sind rein informativ und sollen dabei helfen, die City und ihre Einwohner besser zu verstehen. Es werden nicht alle Aspekte von A bis Z abgedeckt, doch der Leser wird angeregt, die City auf eigene Faust zu entdecken.

Die Orte werden mit ihrer Adresse angegeben, einschließlich dem Viertel (z. B. Lower East Side) und einer Nummer. So lässt sich der Ort auf den Karten am Anfang des Buches finden: Es empfiehlt sich also, erst die Karte des jeweiligen Viertels aufzuschlagen und dann nach der entsprechenden Nummer zu suchen. Wer detaillierteres Kartenmaterial benötigt, erhält dies in den Büros des Fremdenverkehrsamts und in den meisten Hotels.

Doch Städte verändern sich ständig. Der Küchenchef, hier als hervorragend beschrieben, kann auch mal einen schlechten Tag haben, das Hotel, in diesem Buch hochgelobt, befindet sich aufgrund eines Managementwechsels gerade auf Talfahrt, oder die Bar, die als besonders hip gilt, ist beim Besuch des Lesers vielleicht leer. Außerdem ist die Auswahl natürlich sehr persönlich. Wer eine Korrektur vorschlagen, eine Bar empfehlen oder seinen Lieblingsort in New York verraten möchte, kann die Website *www.the500hiddensecrets.com* besuchen oder @500hiddensecrets bei Instagram oder Facebook folgen und dort einen Kommentar hinterlassen.

ÜBER DIE AUTOREN

Michiel Vos ist ein holländisch-amerikanischer Korrespondent für das niederländische und belgische Fernsehen und Radio und zudem politischer Kommentator zu europäisch-amerikanischen Beziehungen für »Charlie Rose«. In seiner eigenen Dokumentarreihe »My America«, die sowohl in Belgien als auch in den Niederlanden ausgestrahlt wird, berichtet er über seine Erfahrungen als europäischer Einwanderer in Amerika. Michiel wirkt mit seiner Meinung zur US-Politik und zur Popkultur bei der täglichen Late-Night-Gesprächsrunde »RTL Late Night«, bei »EenVandaag« und einigen belgischen Talkshows mit. Er ist außerdem ein gefragter Redner für europäische Firmen, Unternehmen und andere Interessengruppen, die mehr über seine neue Heimat Amerika wissen wollen. Michiel lebt mit seiner Frau, der Filmemacherin Alexandra Pelosi, und ihren beiden Söhnen in Manhattan. Man kann ihm auf Twitter unter @americanvos folgen.

Ellen Swandiak lebt seit jeher in New York, hat sich aber erst so richtig in die Stadt verliebt, als sie die Parsons School of Design besuchte und in ein Erdgeschoss-Apartment im fernen West Village zog. Das Leben in diesem Teil der City mit seiner besonderen, bunten Boheme-Atmosphäre zeigte ihr die verschlungenen Pfade von Downtown und die vielen wundervollen Läden und Restaurants. Im Jahr 2005 zog Ellen dann in einen Wolkenkratzer in Gramercy, von wo aus sie einen sensationellen Blick auf das Empire State Building genießt. Hier entstand die Idee zu einem Blog, der heute als »Hobnob Magazine« (hobnobmag.com) bekannt ist, in dem sie ihre Lieblingsthemen verarbeitet:

Essen, Trinken, Stil, Spaß – und Partys. Als kreative Party-Organisatorin nutzt Ellen die besten Ideen der Küchenchefs und Mixologen für ihre eigenen lustigen Party-Themen, mit denen sie anderen Leuten hilft, professionell zu unterhalten. Oft kann man beobachten, wie sie, die Kamera in der Hand, mit ihrem Designerblick in schicken Restaurants und Bars, auf Verkostungs-Events und Vernissagen die kreativsten Ideen einfängt.

Es vergeht kaum ein Tag, an dem Ellen nicht nach einem Tipp gefragt würde. Sie selbst aber meint, dass sie all diese tollen Vorschläge nicht ohne die Hilfe von Freunden hätte erstellen können, bei denen sie sich daher gern persönlich bedanken möchte: Paulina Kajankova, die ihr viele Modeläden zeigte, Ronit Schlam, dessen Wissen über Tanz und Theater sehr willkommen war, und Tom Grant, mit dem sie ihre Vorschläge diskutierte, der ihr aber auch seine eigenen nannte.

NEW YORK
Übersicht

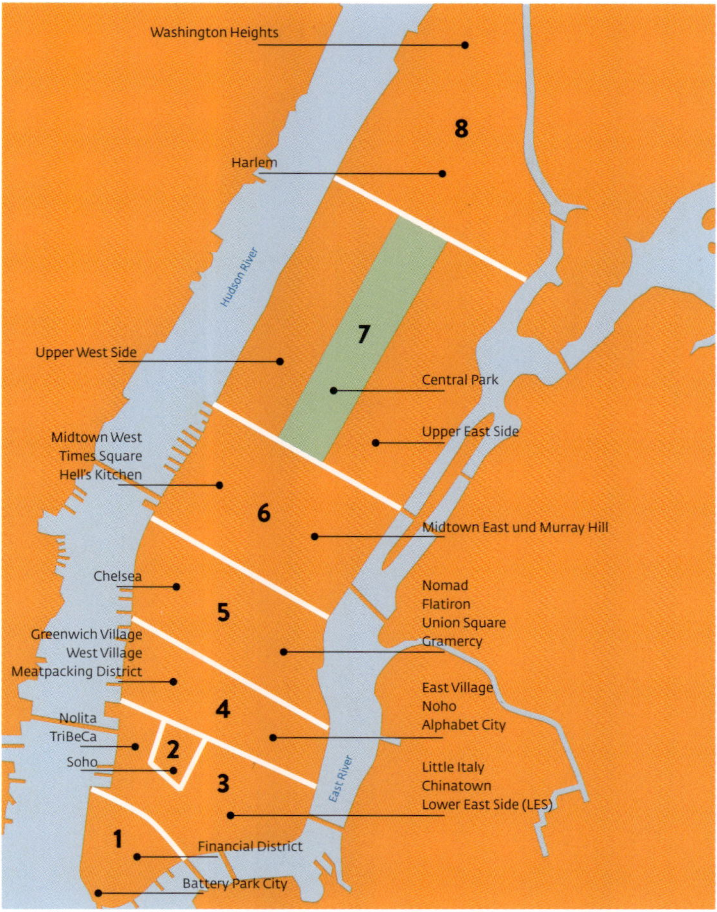
Washington Heights
8
Harlem
Hudson River
7
Upper West Side
Central Park
Upper East Side
Midtown West
Times Square
Hell's Kitchen
6
Midtown East und Murray Hill
Chelsea
5
Nomad
Flatiron
Union Square
Gramercy
Greenwich Village
West Village
Meatpacking District
East Village
Noho
Alphabet City
4
Nolita
TriBeCa
2
Soho
3
East River
Little Italy
Chinatown
Lower East Side (LES)
1
Financial District
Battery Park City

Karte 1

DOWNTOWN MANHATTAN

FINANCIAL DISTRICT
und BATTERY PARK CITY

ESSEN–TRINKEN–SHOPPEN–GEBÄUDE–ENTDECKEN–KULTUR–KINDER–SCHLAFEN–WOCHENENDAKTIVITÄTEN–QUERBEET

Karte 2

DOWNTOWN MANHATTAN

SOHO

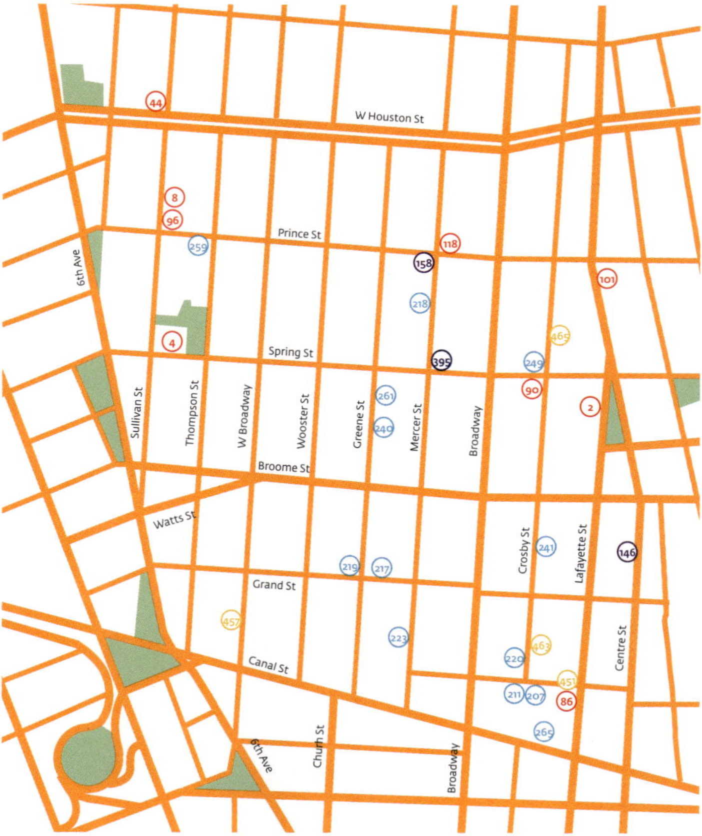

ESSEN–TRINKEN–SHOPPEN–GEBÄUDE–ENTDECKEN–KULTUR–KINDER–SCHLAFEN–WOCHENENDAKTIVITÄTEN–QUERBEET

Karte 3

DOWNTOWN MANHATTAN

TRIBECA, SOHO, NOLITA *und* LITTLE ITALY

ESSEN–TRINKEN–SHOPPEN–GEBÄUDE–ENTDECKEN–KULTUR–KINDER–SCHLAFEN–WOCHENENDAKTIVITÄTEN–QUERBEET

CHINATOWN *und* LOWER EAST SIDE

Karte 4

DOWNTOWN MANHATTAN

GREENWICH VILLAGE, WEST VILLAGE *und* MEATPACKING DISTRICT

EAST VILLAGE, NOHO *und* ALPHABET CITY

ESSEN – TRINKEN – SHOPPEN – GEBÄUDE – ENTDECKEN – KULTUR – KINDER – SCHLAFEN – WOCHENENDAKTIVITÄTEN – QUERBEET

Karte 5

MIDTOWN MANHATTAN

CHELSEA

NOMAD, FLATIRON, UNION SQUARE *und* GRAMERCY

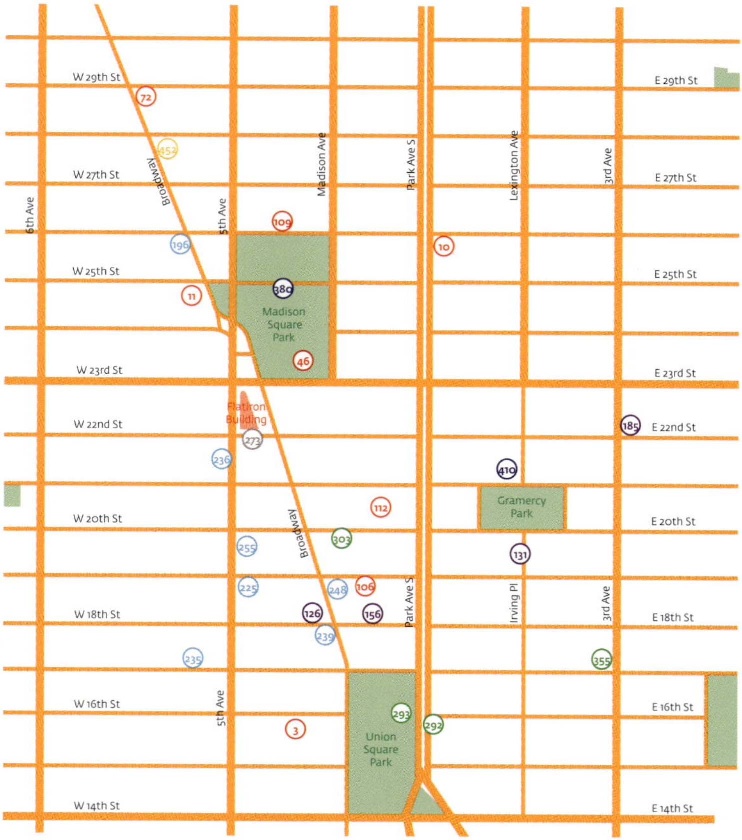

ESSEN – TRINKEN – SHOPPEN – GEBÄUDE – ENTDECKEN – KULTUR – KINDER – SCHLAFEN – WOCHENENDAKTIVITÄTEN – QUERBEET

Karte 6

MIDTOWN MANHATTAN

MIDTOWN WEST, TIMES SQUARE *und* HELL'S KITCHEN

ESSEN–TRINKEN–SHOPPEN–GEBÄUDE–ENTDECKEN–KULTUR–KINDER–SCHLAFEN–WOCHENENDAKTIVITÄTEN–QUERBEET

MIDTOWN EAST *und* MURRAY HILL

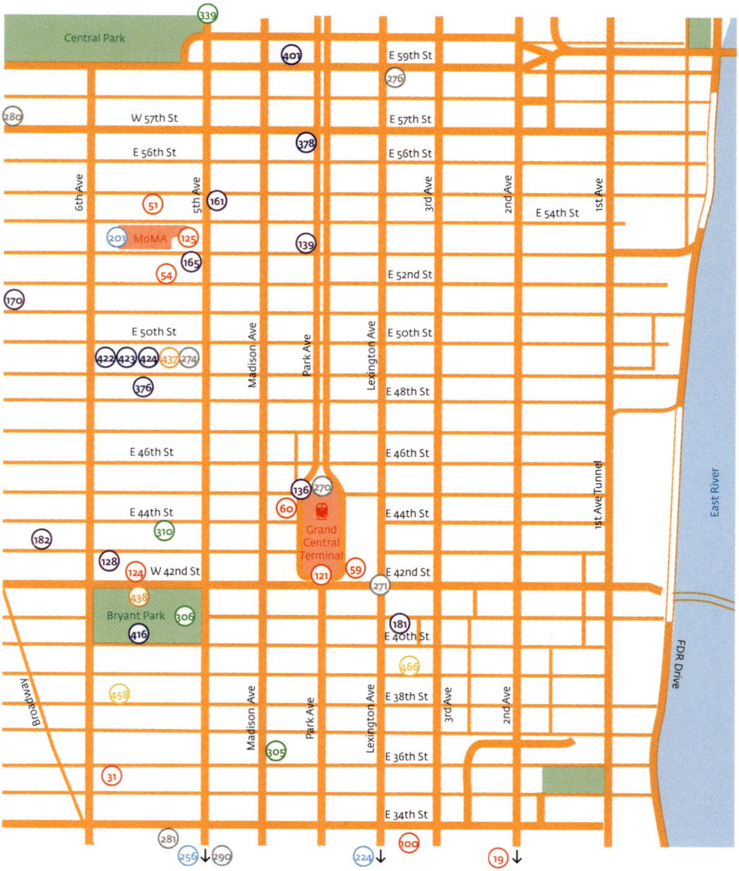

ESSEN—TRINKEN—SHOPPEN—GEBÄUDE—ENTDECKEN—KULTUR—KINDER—SCHLAFEN—WOCHENENDAKTIVITÄTEN—QUERBEET

Karte 7

UPPER WEST SIDE, CENTRAL PARK

ESSEN–TRINKEN–SHOPPEN–GEBÄUDE–ENTDECKEN–KULTUR–KINDER–SCHLAFEN–WOCHENENDAKTIVITÄTEN–QUERBEET

UPPER EAST SIDE

Karte 8

UPPER MANHATTAN

HARLEM *und* WASHINGTON HEIGHTS

Karte 9

BROOKLYN

WILLIAMSBURG *und* GREENPOINT

ESSEN–TRINKEN–SHOPPEN–GEBÄUDE–ENTDECKEN–KULTUR–KINDER–SCHLAFEN–WOCHENENDAKTIVITÄTEN–QUERBEET

Karte 10

BROOKLYN

BROOKLYN HEIGHTS, DOWNTOWN, DUMBO *und* FORT GREENE

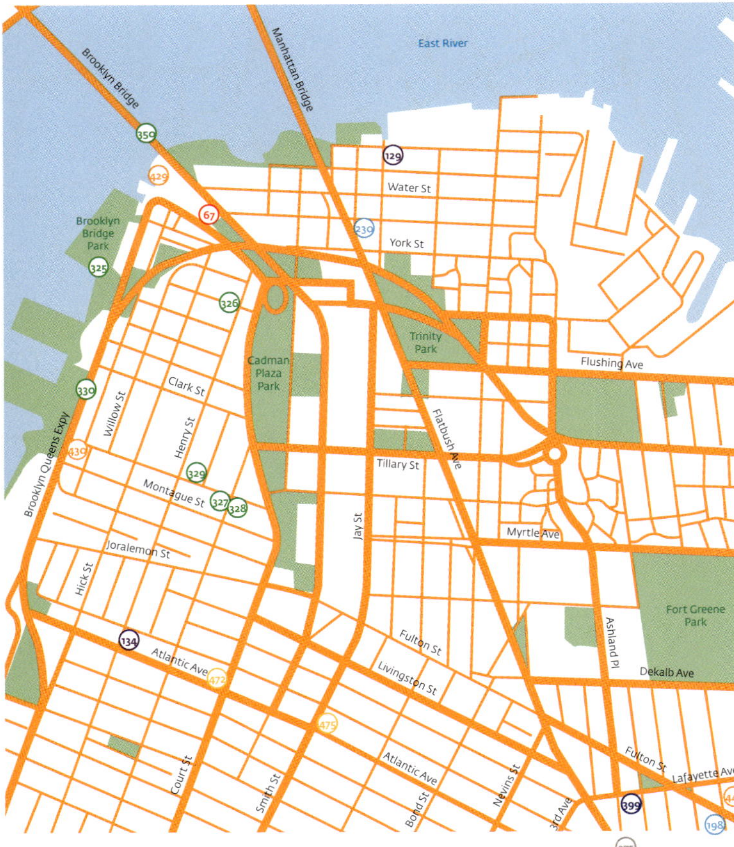

ESSEN – TRINKEN – SHOPPEN – GEBÄUDE – ENTDECKEN – KULTUR – KINDER – SCHLAFEN – WOCHENENDAKTIVITÄTEN – QUERBEET

Karte 11

BROOKLYN

COBBLE HILL, BOERUM HILL, CARROLL GARDENS *und* PROSPECT HEIGHTS

ESSEN–TRINKEN–SHOPPEN–GEBÄUDE–ENTDECKEN–KULTUR–KINDER–SCHLAFEN–WOCHENENDAKTIVITÄTEN–QUERBEET

5 THE BUTCHER'S DAUGHTER

125 ORTE ZUM ESSEN GEHEN ODER ESSEN KAUFEN

5 Tipps für
FRÜHSTÜCK & BROT

1 **LAFAYETTE GRAND CAFÉ & BAKERY**
380 Lafayette St
(im Great Jones)
East Village ④
+1 212 533 3000
www.lafayetteny.com

Ist es wegen der ledernen Sitzecken, der verführerischen Backwaren oder der Belle-Époque-Atmosphäre? Was auch immer, wir lieben diesen Ort, an dem man einfach nur mal entspannen und das handgemachte Brot, die Muffins und das feine Gebäck genießen sollte, die allesamt vor Ort hergestellt werden. Oder einfach den Tag mit einem frisch gepressten Saft zusammen mit einer guten Auswahl an Früchten, Müslis, Eiern und Pfannkuchen beginnen.

2 **JACK'S WIFE FREDA**
224 Lafayette St
(zwischen Spring- und Kenmare St)
Soho ②
+1 212 510 8550
www.jackswifefreda.com

Ein Restaurant zum heimisch fühlen; die Besitzer, ein Ehepaar, haben den Laden nach ihren Großeltern benannt, von denen sie sich auch bei der Speisekarte inspirieren ließen. Tolle Eiergerichte in mediterranen Geschmacksrichtungen. Waffeln mit Rosenwasser werden mit libanesischem Joghurt, gemischten Beeren und Honigsirup serviert. Man beachte die netten Nachrichten auf den Zuckerpäckchen.

3 **BREADS BAKERY**

18 East 16th St
(zwischen Union Square W und 5th Ave)
Union Square ⑤
+1 212 633 2253
www.breadsbakery.com

Hier gibt es Brot in allen Formen und Variationen. Alles dreht sich um Challah, ein jüdisches Zopfbrot, das mit Nüssen und Samen bestreut wird; außerdem kleine Vollkornbrötchen und kompakter Pumpernickel. Gebäck wie Rugelach – jüdische Croissants – und Kekse sind unwiderstehlich. Neben dem Hauptgeschäft gibt es auch noch Kioske an der Ecke des Bryant Park (42. Straße und 6. Avenue) und am Broadway (Nr. 1890).

4 **DOMINIQUE ANSEL BAKERY**

189 Spring St
(zwischen Sullivan und Thompson St)
Soho ②
+1 212 219 2773
www.dominiqueansel.com

Bevor Ansel diese Bäckerei eröffnete, war er Konditor im Drei-Sterne-Restaurant Daniel. Er erfand den »Cronut«, eine Mischung aus Croissant und Donut, der inzwischen so beliebt ist, dass die Leute dafür Schlange stehen. Und warum wohl lieben alle diese frittierten Teignudeln, die in Zucker gerollt, mit Sahne gefüllt und einer Glasur dekoriert werden? Die Warteschlange bildet sich bereits vor 8 Uhr morgens.

5 **THE BUTCHER'S DAUGHTER**

19 Kenmare St
(zwischen Elizabeth St und Bowery)
Nolita ③
+1 212 219 3434
www.thebutchersdaughter.com

Ironischerweise ist dieses Lokal ein Paradies für Veganer und Vegetarier. Hier gibt es Vitaminspritzen und Parfaits aus Joghurt und Kokosnuss, die Zutaten stammen von Bauernhöfen aus der Umgebung. Außerdem werden verschiedene Eiergerichte und Avocado auf Toast serviert. Eine Filiale steht im West Village, 581 Hudson Street und Bank Street.

5 hübsche Orte zum BRUNCHEN

6 **ROSEMARY'S**
18 Greenwich Avenue
(nahe W 10th St)
Greenwich Village ④
+1 212 647 1818
www.rosemarysnyc.com

Dieses Lokal wurde wegen seiner Dachterrasse berühmt, doch Menü und Ambiente festigten den Ruhm. Manchmal sind die Wartezeiten für einen Platz lang, aber die italienischen Gerichte, deren Zutaten hier auf der Terrasse angebaut werden, sind es wert. Im Sommer werden die Flügeltüren weit zur Straße hin geöffnet.

7 **BUBBY'S**
120 Hudson St
(nahe N Moore St)
TriBeCa ③
+1 212 219 0666
www.bubbys.com

Wem der Sinn nach einem echt amerikanischen Brunch steht, der sollte zu Bubby's gehen. Hier konzentriert man sich auf hochwertige, klassisch amerikanische Gerichte, die in einem rustikalen, entspannten Umfeld serviert werden.

8 **ONCE UPON A TART**
135 Sullivan St (zwischen Prince und Houston St)
Soho ②
+1 212 387 8869
www.onceuponatart.com

Soho ist teils hektisch und kommerziell, aber die westliche Seite konnte sich glücklicherweise die eigenwillige und ruhige Stimmung von einst bewahren. Hier findet man das Tart mit seinem Pariser Ambiente und gemütlichen Stühlen im Freien. Ein Muss ist der Elsässer Apfelkuchen.

9 **THE SMILE**

26 Bond St (zwischen Lafayette und Bowery)
Noho ④
+1 646 329 5836
www.thesmilenyc.com

Die Mischung aus Laden und Café strahlt rustikales Ambiente aus und zieht damit junge Kreative an. Der ideale Ort, um belgische Waffeln mit karamellisierten Feigen zu genießen. Was immer man auch bestellt, es sollten knusprige Süßkartoffel-Röstis dabei sein. Auch zu empfehlen: die Muffins und die Scones.

10 **UPLAND**

345 Park Avenue South (nahe 26th St)
Nomad ⑤
+1 212 686 1006
www.uplandnyc.com

In einer hohen Werkshalle wird kalifornische Küche serviert. Spezialität des Hauses ist der Salatteller, so groß, dass man ihn mit jemandem teilen sollte. Einzigartig unter den Eiergerichten ist das spanische Omelette mit Chili-Knoblauch-Mayonnaise. Außerdem gibt es kreative Pizzen. Und eine gute Flasche Wein kostet unter 50 Dollar.

8 ONCE UPON A TART

5 besondere Orte für das MITTAGESSEN

11 **LA PECORA BIANCA**
1133 Broadway
(nahe 26th St)
Nomad ⑤
+1 212 498 9696
www.lapecorabianca.com

Das Lokal in dem luftigen, weiß gestrichenen Raum ist perfekt zum Lunchen und zum Probieren von italienischen Spezialitäten zu fairen Preisen. Das bodenständige Menü bietet auch hausgemachte Pasta aus Vollkorn und glutenfreien Getreiden. Der Café-Tresen mutiert am späten Nachmittag zur Weinbar.

12 **VESELKA**
144 Second Avenue (zwischen St Marks Place und E 9th St)
East Village ④
+1 212 228 9682
www.veselka.com

Ein Relikt jener Zeit, als dieses Viertel stark osteuropäisch geprägt war. Auf der Karte stehen Borschtsch, Beef Stroganow, Krautwickel und das berühmte ukrainische Keilbasa (geräucherte Schweinswürste). 24 Stunden geöffnet – und somit gut nach einer Kneipennacht.

13 **THE MEATBALL SHOP**
84 Stanton St (zwischen Allen und Orchard St)
Lower East Side ③
+1 212 982 8895
www.themeatballshop.com

Hier wird die bescheidene Frikadelle zum Superstar. Man sucht sich das Fleisch (oder den Veggie-Burger) aus, dazu Soße und Beilage, oder man lässt sich alles auf einem »Hero«, einem Riesensandwich, servieren. Meist ist es hier recht voll, aber die wunderbar einfachen Gerichte schmecken herrlich. Kinderfreundlich.

14 **RADIANCE TEA HOUSE & BOOKS**
158 West 55th St
(zwischen 6th und 7th Ave)
Midtown West ⑥
+1 212 217 0442
www.radiancetea.com

Eine chinesische Teestube mit kleinen Gerichten à la Dim Sum. Da das Lokal in einem Buchladen untergebracht ist und viele exotische Mischungen von heißen und geeisten Tees serviert, entsteht eine friedvolle Atmosphäre. Mittags wird eine Art Lunchbox angeboten. Fans von traditionellem Tee – Kannen, Tassen und Mischungen – werden im Shop fündig.

15 **CRIF DOGS**
113 St Marks Place
(zwischen Ave A und 1st Ave)
East Village ④
+1 212 614 2728
www.crifdogs.com

Das Besondere hier sind die frittierten Hotdogs. Das Würstchen kommt in allen Variationen, sogar vegetarisch. Insgesamt 28 Varianten stehen zur Verfügung, sodass jeder nach Gusto kreieren kann. Oder man probiert einfach eine der bewährten Hotdog-Combos, wie den Chihuahua: in Speck gehüllt, mit Avocado, saurer Sahne und Salsa obendrauf.

11 LA PECORA BIANCA

5 Orte, an denen
DIE ZEIT STILLSTEHT

16 **KATZ'S DELICATESSEN**
205 East Houston St
(nahe Ludlow St)
Lower East Side ③
+1 212 254 2246
www.katzsdelicatessen.com

New York ohne Katz's wäre nicht New York. Hier sollte man die Klassiker probieren: Sandwiches mit Corned Beef oder Pastrami auf Roggenbrot. Nostalgisch ist ein Schild aus dem Zweiten Weltkrieg: »Schick eine Salami an deinen Jungen in der Army« und natürlich der Kult-Tisch, an dem Harry Sally traf.

17 **JOHN'S OF 12TH STREET**
302 East 12th St
(zwischen 1st und 2nd Ave)
East Village ④
+1 212 475 9531
www.johnsof12thstreet.com

Kein Schnickschnack, einfach klassisch East Village. Die rote Soße über der Pasta ist das Original und ruft beim Gast Erinnerungen an seine Großmutter oder an einen Sommer in Italien hervor. Das Hühnchen Parmigiana sollte man unbedingt kosten, seit Kurzem gibt es auch vegane Gerichte. Nur Barzahlung.

18 **ZUM STAMMTISCH**
69-46 Myrtle Avenue
(nahe 70th St)
Glendale, Queens
+1 718 386 3014
www.zumstammtisch.com

Ein deutsches Restaurant mit üppigen Speisen: Schnitzel, Sauerbraten und viele Sorten Wurst. Das Lokal im Tiroler Stil wurde 1972 vom deutschen Einwanderer John Lehner gegründet und wird heute von seinen Söhnen geführt. Natürlich steht hier auch ein Stammtisch!

16 **KATZ'S DELICATESSEN**

19 **MARCHI'S RESTAURANT**

251 East 31st St
(nahe 2nd Ave)
Midtown ⑥
+1 212 679 2494
www.marchi restaurant.com

Signore und Signora Marchi eröffneten bereits 1930, heute führen ihre Söhne den Laden. An der Sandsteinfassade mit dem wunderschönen Garten findet man kein Schild, und drinnen keine Speisekarte. Die Gäste essen hier seit 85 Jahren das gleiche Menü – Antipasti, Lasagne, knusprig frittierten Fisch, gegrilltes Hähnchen und Früchte zum Nachtisch.

20 **SPAIN**

113 West 13th St
(zwischen 6th and 7th Ave)
Greenwich Village ④
+1 212 203 5719
www.spain restaurantny.com

Dieses Lokal wird von Stammgästen aus der Nachbarschaft besucht. Der 81-jährige Besitzer im knallroten Sakko begrüßt seine Kundschaft persönlich. Ein toller Ort, um abzuhängen; die Tapas werden an der Bar zusammen mit klassischen Cocktails der 60er-Jahre – Side Car, Rob Roy und Grasshopper –serviert.

22 **BROOKLYN DINER**

5 *charmante*

RESTAURANTS MIT CHARAKTER

21 **CHUMLEY'S**
86 Bedford St (zwischen Grove und Barrow St)
Greenwich Village ④
+1 212 675 2081
www.chumleysnewyork.com

Eine echte Flüsterkneipe, die von 1922 bis 2007 genau an diesem Ort, im ruhigen Teil der Bedford Street, überlebte – seit jeher hinter einer unscheinbaren Tür verborgen. Heute erscheint das Lokal im neuen Glanz und hält seine literarische Vergangenheit mit Buchumschlägen und Porträts der Schriftsteller in Ehren, die damals die Stammgäste waren. Ein Juwel.

22 **BROOKLYN DINER**
212 West 57th St (zwischen 7th Ave und Broadway)
Midtown East ⑥
+1 212 977 1957
www.brooklyndiner.com

Dieses nostalgische Diner steht um die Ecke bei der Carnegie Hall und ganz in der Nähe des Central Park. Vornehme braune Lederstühle und Bänke prägen die Einrichtung, die Sitzecken sind mit Namensschildern berühmter Mäzene versehen. Empfehlenswert sind die Cheeseburger mit panierten, frittierten Zwiebelringen darauf, der beliebte Potpie mit Hühnchen, außerdem die Milkshakes.

23 **THE BEATRICE INN**

285 West 12th St (zwischen W 4th St und 8th Ave)
West Village ④
+1 212 675 2808
www.thebeatriceinn.com

Dieses schicke Lokal im Erdgeschoss eines hübschen Häuserblocks im West Village glänzt mit Details und beeindruckender Architektur. Der offene Kamin, die Spiegel und Tierbilder erwecken den Eindruck, als sei man im Haus einer wohlhabenden Familie. Ziegelwände und eine niedrige Bar schaffen Behaglichkeit, das Essen ist kreativ-amerikanisch.

24 **OFICINA 1M**

371 Broome St (nahe Mott St)
Nolita ③
+1 718 431 3332
www.oficina.nyc

Ein Lokal voller Auto-Memorabilia, zu Ehren von Italiens Mille-Miglia-Rennstrecke. Der Vorraum dient als Café für Take-Aways, aber Einkehren lohnt sich hier für alle Mahlzeiten: Frühstück, Mittagessen und Abendessen. Empfehlung: lockere Kichererbsen-Gnocchis in einem Gorgonzola-Fondue geschwenkt, mit Speck und Weißkohl. Das Brot wird hier täglich frisch gebacken.

25 **PIETRO NOLITA**

174 Elizabeth St (zwischen Kenmare und Spring St)
Nolita ③
+1 646 998 4999
www.pietronolita.com

Dieses neue In-Lokal begeistert durch sein Dekor, das vollständig in einer Farbe gehalten ist: Pink. Ein himmlischer Ort für Instagramer! Die Eigentümer stammen aus der Welt der Mode und haben eine Speisekarte mit gesunden italienischen Leckerbissen erstellt, für alle, die auf die Figur achten. Das Souvenir für ihre Gäste ist ihr eigenes T-Shirt mit dem Aufdruck »Pink As Fuck«. Zum Frühstück, Mittag- und Abendessen geöffnet.

5 besondere

DELIKATESSENLÄDEN

26 **EAST VILLAGE MEAT MARKET/J. BACZYNSKY**
139 2nd Avenue (zwischen 8th und 9th St)
East Village ④
+1 212 228 5590
www.eastvillagemeatmarket.com

Eine der besten Metzgereien der City mit langer Geschichte und eine Schatztruhe in einem Viertel, das auch als »Kleine Ukraine« bekannt ist. Die ursprünglichen polnischen Kielbasa-Wurstkreationen und der aufmerksame Service sind wie eine Reise in die Vergangenheit. Im Oktober sollte man die Gelegenheit nutzen, hier den Pierogi-Tag mitzufeiern.

27 **DI PALO'S FINE FOODS**
200 Grand St (zwischen Mott und Mulberry St)
Little Italy ③
+1 212 226 1033

Ein 100 Jahre alter Markt mit außergewöhnlich guten italienischen Spezialitäten. So gut, dass die Warteschlange meist bis um die Ecke reicht. Lassen Sie sich einfach ein paar Dinge fürs Picknick einpacken; Kostproben helfen bei der Entscheidung. Köstlich: der frische Mozzarella und das hausgemachte Spanferkel.

28 **DÉPANNEUR**
242 Wythe Avenue (nahe N 3rd St)
Williamsburg ⑨
+1 347 227 8424
www.depanneur.com

Ein toller Laden in Williamsburg: Markt, Delikatessenladen und Café in einem. Die Artikel im Laden sind hochwertig und die Sandwiches kreativ – mit Räucherschinken, Feigenmarmelade und frischem Mozzarella.

29 **ZABAR'S**

2245 Broadway
(nahe W 80th St)
Upper West Side ⑦
+1 212 787 2000
www.zabars.com

Der Besuch von Zabar's gehört für viele auf der Upper West Side zum Sonntagmorgenritual. Dieser »Fisch-Tempel« wurde von Louis und Lilian Zabar 1934 gegründet und läuft drei Generationen später immer noch gut. Der Feinschmecker wird heute seltene Spezialitäten schätzen: geräucherten Fisch, Kaviar, getrocknete Früchte, Käse, Wurst und Oliven – alles in bester Qualität.

30 **MURRAY'S CHEESE**

254 Bleecker St
(zwischen 6th und 7th St)
Greenwich Village ④
+1 212 243 3289
www.murrayscheese.com

Ein Mythos auf der Bleecker Street, die sich mittlerweile als ein riesiger Spielplatz für Essensliebhaber etabliert hat. Neben der unglaublichen Auswahl an Käsesorten findet man auf dem Markt auch eine prall gefüllte Wurstwarenabteilung und die besten gegrillten Käsesandwiches. Im oberen Stock ist Platz zum Essen oder für Kochkurse.

29 ZABAR'S

5 STEAKHÄUSER,
die nicht von Peter Luger sind

31 **KEENS STEAKHOUSE**
72 West 36th St
(nahe 6th Ave)
Midtown ⑥
+1 212 947 3636
www.keens.com

Dieses Steakhouse, 1885 eröffnet, ist sehr nostalgisch – dank der 90 000 Tonpfeifen, die von der Decke hängen. Das Lammkotelett ist beliebt, aber im Grunde sind alle Fleischstücke hervorragend und die Portionen gigantisch. Das clubartige, viktorianische Ambiente der Bar passt zur reichen Auswahl an Malt Whiskys.

32 **DELMONICO'S**
56 Beaver St
(nahe South William St)
Financial District ①
+1 212 509 1144
www.delmonicos restaurant.com

Extravagant? Ja, sogar luxuriös! 1837 eröffneten die Delmonico-Brüder dieses Lokal in einem beeindruckenden Haus in Downtown. Bekannt für seinen Weinkeller und als Geburtsstätte des Delmonico-Steaks, einem saftigen Rib-Eye-Steak mit einem einzigen Zwiebelring darauf.

33 **OLD HOMESTEAD**
56 Ninth Avenue
(zwischen 14th und 15th St)
Meatpacking District ④
+1 212 242 9040
www.theoldhomestead steakhouse.com

Das Lokal gibt es schon seit 1868, als diese Gegend noch der Fleisch-Umschlagplatz der Stadt war. Auf dem Dach thront eine lebensgroße Kuh, das Wahrzeichen dieses Stadtteils. Man sollte bereit sein, ein wenig Geld auszugeben – für riesige Krabbenkuchen und das original Prime Rib Steak, denn hier speist man mit VIPs.

34 **AMERICAN CUT**
363 Greenwich St
(zwischen Franklin und Harrison St)
TriBeCa ③
+1 212 226 4736
www.americancutsteakhouse.com

Wer eher ein modernes Lokal sucht, sollte Marc Forgiones Steakhaus ausprobieren; er war der Erste, der seine Rib-Eyes mit einer Pastrami-Würze einrieb. Fünf Soßen, Eier oder Knochenmark können dazu gewählt werden. Am Büfett gibt es u.a. auch seinen berühmten Hummer mit Chili. Zwei Lokale in Manhattan.

35 **STRIP HOUSE**
13 East 12th St
(zwischen University Pl und 5th Ave)
Greenwich Village ④
+1 212 328 0000
www.striphouse.com

In Anspielung auf den Namen gibt's hier rote Lederbänke, Fotos von Pin-up-Mädchen und schwache Beleuchtung. Zusätzlich zu den klassischen Steaks, wie dem New York Strip, wird ein Büfett angeboten, außerdem die üblichen Beilagen, aber mit ein paar Besonderheiten: Kartoffeln in Gänsefett und Spinat mit schwarzem Trüffel sind die Hits.

32 DELMONICO'S

5 authentische Orte für
BAGELS

36 **MURRAY'S BAGELS**
500 Sixth Avenue
(zwischen 12th und
13th St)
Greenwich Village ④
+1 212 462 2830
www.murraysbagels.com

Nichts steht mehr für New York als Bagels, und dieser Laden ist der beste. Bis vor Kurzem weigerte sich Murray's, seine Bagels zu toasten, wegen ihrer guten Qualität. Hier sollte man das Eiersandwich oder einen Bagel mit Räucherlachs und Frischkäse erstehen und gleich auf der Bank vor der Tür genießen.

37 **TOMPKINS SQUARE BAGELS**
165 Avenue A
(nahe E 10th St)
East Village ④
+1 646 351 6520
*www.tompkinssquare
bagels.com*

Bagels ganz traditionell handgerollt und gekocht, bevor sie gebacken werden. 27 verschiedene Frischkäsesorten gibt es dafür, und der bunte »Birthday Cake« ist eine besondere Kinderüberraschung. Außerdem gibt es fünf Sorten glutenfreier Bagels und eine aus Dinkel. Lange Schlangen am Wochenende.

38 **BAGEL HOLE**
400 Seventh Avenue
(zwischen 12th und
13th St)
Park Slope, Brooklyn ⑪
+1 718 788 4014
www.bagelhole.net

Bürgermeister Bill de Blasio sprach vom »Bagel, den man so auch schon vor einem Jahrhundert bekommen hätte«. Das Geheimnis: Malz statt Zucker, und so kann der Bagel mit oder ohne Frischkäse gegessen werden (*schmear* wie es in echtem New Yorker Slang heißt).

39 **BLACK SEED**

176 First Avenue
(nahe E 11th St)
East Village ④
+1 646 484 5718
www.blackseedbagels.com

Montreals Bagel-Interpretation: ein wenig kleiner, handgerollt, in Honigwasser gekocht und dann im Holzofen gebacken. Außerdem werden kreative Sandwiches gezaubert. Hier sollte man die Frischkäse-Bagels mit hübschen, pinkfarbenen Tobiko-Eiern und geräuchertem Lachs probieren. Zusätzliche Shops stehen in Nolita und im Battery Park.

40 **ZUCKER'S BAGELS & SMOKED FISH**

146 Chambers St
(zwischen West Broadway und Greenwich St)
TriBeCa ③
+1 212 608 5844
www.zuckersbagels.com

Eigentümer Matt Pomerantz wuchs mit den Köstlichkeiten der jüdischen Restaurants auf, die es einst in dieser Gegend gab, und hing seinen Job an der Wall Street für das Zucker's an den Nagel. Trotz schicker TriBeCa-Umgebung bleibt man hier bodenständig mit 13 Sorten Fisch, 9 Frischkäse- und 16 Bagel-Arten.

36 MURRAY'S BAGELS

Die 5 besten
HIPSTER-TREFFPUNKTE

41 **SONS OF ESSEX**
133 Essex St
(zwischen Rivington
und Stanton St)
Lower East Side ③
+1 212 674 7100
www.sonsofessexnyc.com

Im Grunde ein Nachtclub mit Essen oder eine Restaurant mit Club-Ambiente, wohin die Leute gut angezogen gehen, bereit für die Party. Auch wenn das Essen als ganz gut gilt, das wirklich Wichtige ist die Partystimmung. Gleich hinter dem Deli-Tresen beginnt die rührige Bar-Szene inmitten eines eklektischen DJ-Settings, gelegentlich taucht sogar eine Berühmtheit auf.

42 **DINER**
85 Broadway
(nahe Berry St)
Williamsburg ⑨
+1 718 486 3077
www.dinernyc.com

Coolsein steht hier im Mittelpunkt, auch wenn es das Lokal schon sehr lange gibt. Die Nachbarschaft (der südliche Teil von Williamsburg) hat sich verändert und zieht zunehmend mehr Besucher an – sowohl ausländische als auch einheimische. Das Restaurant logiert in einem schmalen metallenen Speisewaggon der 1920er-Jahre. Kreative, handgemachte Menüs.

43 **THE WREN**

344 Bowery
(zwischen Bond und
3rd St)
East Village ④
+1 212 388 0148
www.thewrennyc.com

Sechs Häuserblocks vom Washington Square entfernt und ganz in der Nähe des Bowery Hotels wirkt dieser Treffpunkt im East Village wie ein perfekt eingerichtetes englisches Farmhaus, nur mit Hipster-Ambiente. Natürlich bekommt man hier Fisch & Chips und frittierten Tintenfisch, berühmt sind jedoch die Cocktails, auf die sollte man sich hier konzentrieren.

44 **MISS LILY'S**

132 West Houston St
(nahe Sullivan St)
Soho ②
+1 646 588 5375
www.misslilys.com

Ein cooler karibischer Laden mit seiner eigenen Radiostation, die auch aus dem Lokal sendet, sodass mit jedem Essen gleich eine Portion Reggae serviert wird. Die besten Snacks sind: Maiskolben mit Mayonnaise und gerösteter Kokosnuss, scharfe Shrimps oder gegrillter Wolfsbarsch, geschwenkt in Butter mit karibischem Chilipfeffer. Für den optischen Genuss sorgen Fotos von Grace Jones an den Wänden.

45 **FREEMANS**

Freemans Alley (am
Ende; Abzweig von der
Rivington St, zwischen
Chrystie St und Bowery)
Lower East Side ③
+1 212 420 0012
*www.freemans
restaurant.com*

Versteckt in einer Gasse, die von der Rivington Street abgeht, verbreiten die kleinen Räume über zwei Etagen die Atmosphäre einer geheimen Taverne der Kolonialzeit; abgewetzte Einrichtung, knarrende Holzböden und viele ausgestopfte Tiere prägen den Stil. Das Menü ist natürlich auch sehr amerikanisch. Empfehlenswert ist die gegrillte Forelle mit Thymian, Knoblauchöl und Zitrone.

44 MISS LILY'S

45 FREEMANS

5
BURGER-LOKALE,
die man einfach testen muss

46 **SHAKE SHACK**
Madison Square Park
(Südost-Ecke)
Flatiron ⑤
+1 212 889 6600
www.shakeshack.com

Die Ur-Mutter von Danny Meyers Kette serviert hier seit 2004 ihren heiß begehrten Edel-Burger. Entweder man stellt sich an und bestellt die Zutaten, oder man lädt die Shake-Shack-App herunter, bestellt online und wählt die Abholzeit.

47 **THE SPANIARD**
190 West 4th St
(nahe Barrow St)
Greenwich Village ④
+1 212 918 1986
www.thespaniardnyc.com

Ein super Laden, wenn man gut aussehende Menschen treffen oder einfach großartiges Pub-Food kosten will. Er ist berühmt für seine Whiskys und den Smash Burger, der aus einer doppelten Ration knusprig gebratener Frikadellen besteht, belegt mit amerikanischem Käse, Salat und sauren Gurken.

48 **BAR SARDINE**
183 West 10th St
(nahe W 4th St)
West Village ④
+1 646 360 3705
www.barsardinenyc.com

Eine kuschelige Bar im West Village, wo es bis in die Morgenstunden etwas zu essen gibt. Der berühmte Fedora Burger wurde nach dem Schwester-Restaurant in der Nähe benannt und wird mit knusprigen Pommes, Essiggemüse, Zwiebeln, geräuchertem Cheddar und BBQ-Mayonnaise serviert wird. Keine Reservierungen, man muss also vielleicht anstehen.

49 HAROLD'S MEAT + THREE

2 Renwick St (zwischen Canal und Spring St)
TriBeCa ③
+1 212 390 8484
www.haroldsmeatandthree.com

Harold's ist ganz im Stil der Café-Bars des Südens eingerichtet und bietet drei Fleischsorten und eine Auswahl aus drei Beilagen, außerdem ein Salatbüfett auf All-you-can-eat-Basis. Ein toller Tipp für Gruppen mit unterschiedlichen Geschmäckern. Die Burger sind mit zwei Frikadellen belegt, die Luxusversion der Fast-Food-Ausgabe.

50 VIA CAROTA

51 Grove St (zwischen Bleecker und W 4th St)
West Village ④
+1 212 255 1962
www.viacarota.com

Dieses italienische Restaurant brät einen ungewöhnlichen Burger: ein Steak von einem »glücklichen« Rind. Es wird ohne Brötchen serviert und auf beiden Seiten scharf angegrillt, in der Mitte bleibt es rot – definitiv nur etwas für Fleischliebhaber und Puristen. Das Lokal ist gemütlich dekoriert, die Chefs gehören auch zu den Teams von Buvette und I Sodi.

46 SHAKE SHACK

Die 5 besten

TREFFS DER MEDIENLEUTE

51 **MICHAEL'S NEW YORK**
24 West 55th St
(zwischen 5th und 6th Ave)
Midtown ⑥
+1 212 767 0555
www.michaelsnewyork.com

Niemand besucht Michael's, um sich zu verstecken. Sehen und gesehen werden heißt es hier. Auch wenn es manchmal den Anschein hat, als ob wichtige Geschäftsessen heutzutage durch einsame Imbisse am Schreibtische und Brotkrümel in der Tastatur ersetzt werden. New Yorks Wirtschaft wird immer noch von zwei Wirtschaftszweigen bestimmt: Finanzen und Medien – und die Entscheider des Letzteren essen hier zu Mittag.

52 **THE REGENCY BAR AND GRILL**
IM: LOEWS REGENCY HOTEL NEW YORK
540 Park Avenue
(nahe E 61st St)
Upper East Side ⑦
+1 212 759 4100
www.loewshotels.com

Börsenmakler trafen sich in dieser Bar während des drohenden Kollapses der Finanzwelt in den 70er-Jahren, um das Schiff wieder auf Kurs zu bringen: Sie waren erfolgreich – und das »Power-Breakfast« war geboren. Anstatt eines Besuchs der Hipster-Bars Downtown sollte man diese neu renovierte Institution besuchen und ihre flauschige Opulenz genießen. Mit ein wenig Glück sieht man auch ein paar Politiker oder andere wichtige Akteure der Szene.

53 THE ODEON

145 West Broadway (nahe Thomas St)
TriBeCa ③
+1 212 233 0507
www.theodeonrestaurant.com

Seit die Herausgeber von Condé Nast entschieden haben, in das One World Trade Center umzuziehen, ist das berühmte alte Odeon *der* Ort, an dem man sich sehen lassen muss. In den 80ern noch das Zentrum des Nachtlebens, ist es heute der Lieblingstreffpunkt des Ensembles der »Saturday Night Live Show«. Ein wunderbarer Ort, und die mit Gelee gefüllten Mini-Donuts zum Nachtisch sind einfach der Hit.

54 '21' CLUB

21 West 52nd St (zwischen 5th und 6th Ave)
Midtown ⑥
+1 212 582 7200
www.21club.com

Man kann sich so ungefähr vorstellen, was für ein Laden der '21' Club ist, wenn man sich die Szene in Oliver Stones »Wall Street« ansieht, in der Draufgänger Michael »Gordon Gekko« Douglas Charlie Sheen rät, sich einen neuen Anzug zu kaufen. Dunkel, steif, ernsthafter Vibe – und so viel New Yorker Geschichte. Hier treffen sich New Yorks Finanzgenies.

55 RACINES NY

94 Chambers St (zwischen Broadway und Church St)
TriBeCa ③
+1 212 227 3400
racinesnewyork.azurewebsites.net

Racines NY mit seinen französischen Wurzel hat die Bistro-Szene der Stadt bereichert und zählt zu den beliebtesten Bars der Condé-Nast-Clique, die hier den Bio-Wein mit elegant servierter Pâté oder einer Pilz-Tarte genießt. Wer nicht immer Rindfleisch essen will, sollte das wunderschön angerichtete Kalbstatar probieren. Das Lokal ist gemütlich, mit rohen Ziegelwänden und Zinnverkleidung an der Decke.

5

FOOD-HALLEN

mit Stil

56 **LE DISTRICT**
IM: BROOKFIELD PLACE
225 Liberty St
(am Hudson River)
Financial District ①
+1 212 981 8588
www.ledistrict.com

Neben der 9/11-Gedenkstätte liegt das Mekka für alles Französische, mit vielen Senfsorten, Käse, Pâté und sogar einer Bar für Mousse au Chocolat. Restaurants dieser Szene sind: Beaubourg, das echte Klassiker serviert; das intime, vom Michelin bewertete L'Appart, und Le Bar, wo man Wall-Street-Bankern zuprostet.

57 **BERG'N**
899 Bergen St
(zwischen Classon und Franklin Ave)
Crown Heights, Brooklyn
+1 718 857 2337
www.bergn.com

Eine riesige Bierhalle und vier Gründe für Foodies: Mighty Quinn's BBQ (Brustfleisch und hervorragende Pommes); Landhaus (vier tolle Burgersorten); Lumpia Shack (philippinisch, man stellt seine Schale selbst zusammen); und Dub Pies (Pasteten mit kreativen Füllungen). Man sitzt an langen Tischen zusammen.

58 **CHELSEA MARKET**
75 Ninth Avenue
(zwischen 15th und 16th St)
Chelsea ⑤
+1 212 652 2121
www.chelseamarket.com

Dieser Markt mit Essen aus der ganzen Welt liegt nahe der High Line. Filling Station bietet feine Olivenöle und Essig, die Weinbar Corkbuzz lockt mit Weinkursen, Bowery Kitchen bietet Küchenzubehör. Außerdem Konzerte, besondere Abendessen und Designer-Verkäufe.

59 **GREAT NORTHERN FOOD HALL**

IM: GRAND CENTRAL TERMINAL

89 East 42nd St (zwischen Vanderbilt und Park Ave)
Midtown ⑥
+1 646 568 4020
www.greatnorthernfood.com

Der bekannte Fernsehkoch Claus Meyer hat einen Teil des Bahnhofs übernommen, um dort seine nordische Kochkunst vorzuführen. Einfach mal vorbeischauen und Kaffee, Gebäck, Smørrebrød, Porridge oder Smoothies genießen. Oder wie wär's mit einem »Dänischen Dog« mit Wurst, scharfem Ketchup, Senf, Remoulade, sauren Gurken und Zwiebeln auf einem frischen Kartoffelbrötchen?

60 **URBANSPACE VANDERBILT**

Vanderbilt Avenue (bei E 45th St)
Midtown East ⑥
+1 646 747 0810
www.urbanspacenyc.com

Dieser Ort ist einfach toll, um an einem einzigen Platz viele berühmte Restaurants von NYC auszuprobieren. Tacos von La Palapa, Pizza von Roberta's, frittiertes Hühnchen von Delaney Chicken und am Ende noch was Süßes von Ovenly – das alles draußen an einem der langen Gemeinschaftstische. Genau gegenüber der Grand Central.

56 **LE DISTRICT**

5 coole

ITALIENISCHE RESTAURANTS

61 **CASA APICII**
62 West 9th St
(zwischen 5th und 6th Ave)
Greenwich Village ④
+1 212 353 8400
www.casaapicii.com

Das Lokal schließt an den Garten eines riesigen Stadthauses an. Im Speiseraum im Stil der 1950er-Jahre stehen samtbezogene Stühle, golden strahlende Leuchter erhellen den Raum. Das Essen ist jedoch bodenständig und authentisch, wie man an den hausgemachten Nudelgerichten und dem frischen, saisonalen Gemüse feststellen kann. Gleich darüber präsentiert die Bar Fortuna ihre Cocktails.

62 **CARBONE**
181 Thompson St
(zwischen Houston und Bleecker St)
Greenwich Village ④
+1 212 254 3000
www.carbonenewyork.com

Ein Relikt aus den guten alten Zeiten, als die klassische Tomatensoße noch die italienischen Restaurants in New York beherrschte. Was immer man auch bestellt, zuerst kommt eine Schüssel mit sündig-cremigem Burrata auf den Tisch, der zeremoniell mit einer speziellen Schere geschnitten wird. Reservierungen am Abend sind schwierig, ein Tisch zum Mittagessen ist ein wenig einfacher.

63 **GNOCCO**

337 East 10th St
(zwischen Ave A und B)
East Village ④
+1 212 677 1913
www.gnocco.com

Einfache italienische Kost gegenüber vom Tompkins Square Park. Der Namensvetter sind die herrlichen, kleinen Knödel, die man auch in Modena mit Schinken und Salami serviert. 15 verschiedene Pizzasorten. Günstig gelegen, gleich neben den vielen Bars der Ave B, mit einem sehr ansprechenden Gartenlokal, das im Sommer geöffnet ist.

64 **EMILIO'S BALLATO**

55 East Houston St
(zwischen Mulberry und Mott)
Nolita ③
+1 212 274 8881

Kunstvoll vergilbte Wände mit einigen Porträts früherer Gäste heißen den Besucher willkommen im Italien des Paten. Das Lokal zieht Prominente an (Barack Obama war kürzlich mit seiner Tochter hier), aber auch Besitzer Emilio Vitolo ist berühmt und ein Mann mit Charakter, der gern mit seinen Gästen plauscht. Die Speisekarte ist rein süditalienisch – unbedingt die Fleischbällchen probieren.

65 **LILIA**

567 Union Avenue
(nahe North 10th St)
Williamsburg ⑨
+1 718 576 3095
www.lilianewyork.com

Missy Robbins, berühmt für ihre Nudeln mit originellen Soßen, hat hier das Sagen; die ehemalige Karosseriewerkstatt wurde in einen Rückzugsort in Grau und Beige verwandelt. Ihre mit Kürbis gefüllten Ravioli mit Haselnüssen und Salbei und ihre köstlichen Spaghetti mit Sardellen und karamellisierten Zwiebeln sind ein absolutes Muss – man möchte nie mehr zu essen aufhören. Das Café gleich daneben serviert morgens Kaffee, später Sandwiches und Eis, ab 17 Uhr mutiert es zur Cocktailbar.

Die 5 besten

PIZZERIAS

66 **BLEECKER STREET PIZZA**
69 Seventh Avenue South (nahe Bleecker St)
Greenwich Village ④
+1 212 924 4466
www.bleeckerstreetpizza.com

Das etwas lädierte Aussehen des Innenraums sollte einen nicht davon abhalten, die Pizza hier zu probieren. Die Käsepizza mit perfekt marmoriertem Mozzarella und Soße gilt als New Yorker Archetypus. Noch ein Favorit: die Nonna Maria mit hausgemachter Meeresfrüchtesoße, frischem Mozzarella und Basilikum. Von Freitag bis Sonntag bis 5 Uhr morgens geöffnet; Wein und Bier werden natürlich auch ausgeschenkt.

67 **JULIANA'S**
19 Old Fulton St (zwischen Water und Front St)
Dumbo ⑩
+1 718 596 6700
www.julianaspizza.com

Dies ist das Zuhause des originalen, handgebauten, glutheißen Kohleofens. Juliana's ist die Wiederauferstehung von Grimaldi's, einem der berühmtesten Pizzaläden New Yorks. Herrlich knusprige und hauchdünne Pizzaböden werden belegt mit wohlschmeckenden, hausgemachten Zutaten. Grimaldi's (um die Ecke) und Juliana's liegen in ständigem Wettstreit, also sollte man beiden eine Chance geben und danach selbst entscheiden.

68 **ROBERTA'S**

261 Moore St (zwischen White und Bogart St)
Bushwick, Bklyn ⑨
+1 718 417 1118

Begleitet von Rockmusik der hauseigenen, lokalen Radiostation kann man hier eine Pizza kosten, die sich inzwischen zur globalen Marke aufgeschwungen hat. Das Lokal gilt als Pionier in Bushwick, drinnen stehen Picknicktische und eine Tiki-Bar, die unverputzte Fassade ist mit Graffitis besprüht. Kosten Sie die Famous Original mit Tomaten, Mozzarella, Caciocavallo und Parmesan, darüber Oregano. Mittags ist definitiv weniger Trubel.

69 **EMMY SQUARED**

364 Grand St (nahe S 1st St)
Williamsburg ⑨
+1 718 360 4535
www.pizzalovesemily.com

Hier gibt's Pizza im Detroit-Stil, das heißt ein weicher, knuspriger, nicht zu dicker Teig, in den der Käse gleich eingebacken wird. Das heiß geliebte Koriander-Minze Ranch-Dressing ihres ersten Restaurants Emily's nutzen sie hier für die originelle Pie – die Emmy: mit Mozzarella, Banana Peppers, gehobelten Zwiebeln und einem Schälchen scharfer Marinara-Soße zum Eintauchen.

70 **PAULIE GEE'S**

60 Greenpoint Avenue (zwischen West und Franklin St)
Greenpoint, Bklyn ⑨
+1 347 987 3747
www.pauliegee.com

Allein die Lektüre der Speisekarte hat schon Unterhaltungswert – ein paar Beispiele der Pizza-Namen: Ricotta Be Kiddin' Me, Feel Like Bacon Love, Anise und Anephew oder auch Simply Red. Das Lokal ist halb Lager-, halb Farmhaus, die rustikalen Holztische und der riesige, gekachelte Ziegelofen, der aus Italien importiert wurde, prägen die Stimmung. Viele vegetarische/vegane Gerichte vervollständigen die Speisekarte.

Die 5 besten Orte, um AUSTERN zu schlürfen

71 **TERROIR TRIBECA**
24 Harrison St
(zwischen Greenwich
und Hudson St)
Tribeca ③
+1 212 625 9463
www.wineisterroir.com

Im Terroir kann man zur Happy Hour (16 bis 18 Uhr) nicht nur Ein-Dollar-Austern genießen, sondern auch die liebevoll ausgesuchten Weine, die der einzigartige Paul Grieco genau passend gewählt hat. Gemeinschaftstische fördern die Geselligkeit, die rohen Ziegelwände verbreiten entspannte Stimmung.

72 **THE JOHN DORY OYSTER BAR**
1196 Broadway
(nahe W 29th St)
Nomad ⑤
+1 212 792 9000
www.thejohndory.com

Eine der besten Austernbars in New York ist im Ace Hotel, in jenem Broadway-Abschnitt, wo alten, düsteren Großhandelsläden angenehme Coolness eingehaucht wurde. Dem Gast werden Portionen mit sechs Austern, drei von jeder Küste, geboten, außerdem ein abwechslungsreiches Rohkost-Büfett.

73 **LONG HALL AT PIER A**
22 Battery Place
(am Hudson River)
Battery Park City ①
+1 212 785 0153
www.piera.com

Diesen Ort besucht man, wenn man gutes altes Fassbier möchte; das Lokal zieht sich über mehrere Häuserblocks am Fluss entlang. Die Stimmung hier am oberen Ende Manhattans ist ausgelassen. Austern, rohe Muscheln, Hummer und Shrimps füllen die Teller.

74 **SEL RROSE**

1 Delancey St
(nahe Bowery)
Lower East Side ③
+1 212 226 2510
www.selrrose.com

Ein entzückender Ort mit Hipster-Ambiente zwischen kunstverzierten Wänden. Das exzellente und täglich wechselnde Angebot an Austern, die von den ausgefallensten Orten stammen, ist beeindruckend; sicherlich die cremigsten und feinsten Austern weit und breit. Die Cocktails sind erfrischend. Das Team stellt die Tische auf den Bürgersteig, sodass der Gast die Energie New Yorks gleich mit aufsaugen kann.

75 **ZADIE'S OYSTER ROOM**

413 East 12th St
(zwischen 1st Ave und Ave A)
East Village ④
+1 646 602 1300
www.zadies oysterroom.com

Eine lange Bar und ein Haufen Stehtische prägen dieses reizende Lokal. Die Austern werden von Chef Marco Canora auf alle erdenklichen Arten gereicht: roh, gedämpft, gekocht, frittiert, in Essig eingelegt, pochiert, mit Rohschinken oder Ingwer belegt. Rosé-Sekt, Cidres und Süßweine vervollständigen das Angebot.

72 THE JOHN DORY OYSTER BAR

5 *großartige* ASIATISCHE RESTAURANTS

76 **NYONYA**
199 Grand St (zwischen Mott und Mulberry St)
Chinatown ③
+1 212 334 3669
www.ilovenyonya.com

Eines der wenigen sehr guten malayischen Restaurants der Stadt, allerdings nicht gerade gemütlich. Hier dreht sich's um die heißen und scharfen Gerichte: Nasi Lamak (Kokosnussreis), Phad Thai, die hausgemachten Roti Canai und die knusprigen Pfannkuchen, die in heiße, scharfe Curry-Soßen getunkt werden.

77 **TIM HO WAN USA**
85 Fourth Avenue (nahe 10th St)
East Village ④
+1 212 228 2800
www.timhowanusa.com

Die berühmte Kette aus Hongkong hat es endlich bis zu dieser Ecke in New York geschafft. Die Spezialität Dim Sum wird hier Tag und Nacht serviert. Ein sparsam dekorierter, aber reger Ort, seit der Eröffnung im Jahr 2016 erfolgsverwöhnt.

78 **JEEPNEY**
201 First Avenue (zwischen 12th und 13th St)
East Village ④
+1 212 533 4121
www.jeepneynyc.com

Die Nostalgie der 50er-Jahre (mit lebensgroßen Pin-ups) ziert das Lokal. Man kann mit der Hand essen, und das Angebot an philippinischen Spezialitäten wie Balut (befruchtetes Entenei) oder Tacos aus Schweineohren ist reich, aber es gibt auch weniger exotische Snacks wie Burger à la Filippino. Außergewöhnliche Cocktails runden das Angebot ab.

79 **CHOP-SHOP**

254 Tenth Avenue (zwischen 24th und 25th St)
Chelsea ⑤
+1 212 820 0333
www.chop-shop.co

Den Gast erwarten klassische, asiatische Pfannengerichte, die mit Perfektion zubereitet wurden. Bei den Snacks findet man Sommer-Rollen, Lamm- und Gemüseklößchen und Schweinerippen, daneben Nudel- und Reisegerichte. Mit seinen weiß getünchten Ziegelwänden und Pinienholzstühlen kreiert das Dekor einen Zen-Faktor im Industriedesign. Während der warmen Monate gibt es auch einen Garten auf der Rückseite.

80 **OIJI**

119 First Avenue (zwischen 7th St und St Marks Pl)
East Village ④
+1 646 767 9050
www.oijinyc.com

Die zwei Besitzer haben früher bei Bouley und in der Gramercy Tavern gearbeitet. Das Team hat eine Speisekarte voller Höhepunkte der modernen koreanischen Küche entwickelt mit den typischen Geschmacksrichtungen und Fermentierungen. In dem minimalistischen Lokal beeindruckt das Essen außerdem durch die schöne Art, es anzurichten: Das Rindertatar wird mit Blumen, Grünzeug und Senfsamen übersät und ist fast zu hübsch, um gegessen zu werden. Selbst in den Cocktails schmeckt man die koreanischen Aromen.

5 *Lokale für besonderes*
TAKE-AWAY

81 **BRODO**
200 First Avenue
(nahe E 12th St)
East Village ④
+1 646 602 1300
www.brodo.com

Das Take-away-Fenster des erstklassigen Restaurants Hearth bietet ein neues »hot«-Konzept: Es gibt nur Brühen und Suppen (*brodo* heißt Brühe auf Italienisch), wegen ihrer heilenden Eigenschaften. Die Brühen werden in Tassen serviert, so als würde man sich nur mal eben einen Kaffee holen.

82 **LA ESQUINA**
114 Kenmare St
(nahe Lafayette St)
Nolita ③
+1 646 613 7100

Frisches mexikanisches Essen in einem Lokal, das jeder New Yorker aus Downtown kennt: das coole Dreiecksgebäude an der Kenmare, wo Verschiedenes angeboten wird: die Taqueria (dünnes Rib-Eye), die Brasserie (Costillas de Res, geschmorte Rinderrippen) und das Café.

83 **CAFÉ HABANA**
17 Prince St
(nahe Elizabeth St)
Nolita ③
+1 212 625 2001
www.cafehabana.com

Das sehr beliebte, aber enge kubanische Speiselokal wurde mit lecker gegrilltem mexikanischem Mais und seinem kubanischen Sandwich Habana berühmt – mit Zitrone geröstetem Schweinefleisch mit Käse, Mayonnaise und Essiggemüse. Das Habana-To-Go nebenan serviert dasselbe Menü, nur eingepackt zum Mitnehmen.

84 **DORADO TACOS**
28 East 12th St
(zwischen University Pl und 5th Ave)
Greenwich Village ④
+1 212 627 0900
www.doradotacos.com

Ein Mexikaner mit Abhol-Service, dessen Spezialität Fisch-Tacos im Baja-Stil sind; das winzige Lokal überblickt das rege Leben der Studenten der New York University. Die Tacos gibt's auch mit Steak, Huhn, Shrimps, Chorizo und vegetarisch. All das wird im echt mexikanischen Stil mit einem Bier runtergespült.

85 **'WICHCRAFT**
601 West 26th St
(nahe 11th Ave)
Chelsea ⑤
+1 212 780 0577
www.wichcraft.com

Promi-Küchenchef Tom Collichio stellt hier seine Sandwich-Kreationen vor. Die Frühstücks-Sandwiches werden den ganzen Tag serviert – für alle, die sich auch später noch nach diesem Ei-Käse-Gemisch sehnen. Warme Panini mit Gruyère, Schweinefleisch oder Grünkohl konkurrieren mit gesünderen Optionen, z. B. Thunfisch mit Fenchel und Oliventapenade. Einige Filialen in Manhattan.

82 LA ESQUINA

Die 5 Top-Lokale von
POLITIK-JOURNALISTEN

86 **LE COU COU**
138 Lafayette St
(nahe Howard St)
Soho ②
+1 212 271 4252
www.lecoucou.com

Elegant und französisch und das Tagesgespräch innerhalb der französischen Gemeinschaft New Yorks. Es erinnert an längst verschwundene Institutionen Manhattans wie das Lutece und Daniel Rose (vom La Bourse et La Vie in Paris), und ist dank seiner hohen Kochkunst zu den Wurzeln zurückgekehrt. Das Lokal ist intelligent konzipiert und durchgestylt, mit der genau richtigen Portion an Rustikalität.

87 **LA BOUCHERIE**
99 Seventh Avenue South
(nahe Grove St)
West Village ④
+1 212 837 1616
www.boucherie.nyc

Das Bistro ist auf zwei Ebenen unterteilt und bietet eine Viefalt guter Steaks sowie klassisch-französische Gerichte; in der Bar dreht sich viel um Absinth. Der hauseigene Metzger lässt die Speisekarte recht fleischlastig werden: gut abgehangenes New York Strip oder auch Filet Mignon, allerdings gibt es auch Muscheln à la Normande. Der Gründer des Lokals ist ein ehemaliger Chef des Pastis.

88 **ATLA**

372 Lafayette St
(nahe Great Jones St)
East Village ④
+1 646 837 6464
www.atlanyc.com

Betrieben wird es vom Michelin-Chef, dem auch das Cosme gehört. Dieses Lokal jedoch konzentriert sich eher auf schnelle und zwanglose Mahlzeiten und einfallsreiche, moderne mexikanische Snacks. Die frisch zubereiteten, kleinen Gerichte kann man zu jeder Tageszeit kosten. Unbedingt probieren sollte man die Enchiladas mit Hühnchen und die Fleischbällchen aus Wachteleiern. Ein toller Tipp für einen Lunch.

89 **GLASSERIE**

95 Commercial St
(zwischen Manhattan Ave und Box St)
Greenpoint, Brooklyn
+1 718 389 0640
www.glasserienyc.com

Es liegt ein wenig abseits, aber der Weg lohnt sich: In diesem ehemaligen Gebäude des Greenpoint Glass Works aus den 1860er-Jahren wird in einem von Glas überdachten Wintergarten gegessen. Die Kundschaft ist hip, das Essen mediterran und das Ambiente industriell. Der Bonus: Das Gebäude steht an einer (imaginären) Grenze, die ein typisches New Yorker Phänomen erkennen lässt: die Gentrifizierung. Empfehlenswert ist das Lammtatar mit Olivenstückchen.

90 **BALTHAZAR**

80 Spring St
(nahe Crosby St)
Soho ②
+1 212 965 1414
www.balthazarny.com

Schlichtweg die beste Brasserie der City. Wir haben dieses Restaurant vor 15 Jahren entdeckt und kommen seither immer wieder her. Nichts hat sich verändert – im besten Sinne. Einfach Steak Frites bestellen, wie das 200 andere Gäste pro Tag tun, die Pommes sind legendär. Spät in der Nacht trifft man dort auf eine unterhaltsame Szene.

5 Orte für
LECKERMÄULER

91 **AMPLE HILLS CREAMERY**
IM: BUBBY'S HIGH LINE
73 Gansevoort St
(zwischen Greenwich und Washington St)
Meatpacking District ④
+1 646 590 1288
www.amplehills.com

Brooklyns beliebteste Eisdiele hat jetzt eine Filiale im Meatpacking District. Das Eis wird aus Sahne von Kühen hergestellt, die nicht hormonell behandelt und mit Gras gefüttert wurden. Die Geschmacksrichtungen sind skurril, die Mischungen unwiderstehlich. Im Ooey Butter Cake sind Kuchenstücke im Vanilleeis. Für Liebhaber von süß und deftig mischt The Munchies eine Vielfalt von Snacks in das originelle Bretzel-Eis – Cracker, Kartoffelchips und Mini-M&Ms.

92 **ICE & VICE**
221 East Broadway
(nahe Clinton St)
Lower East Side ③
+1 646 678 3687
www.iceandvice.com

Hausgemachtes Eis, Sorbet und Joghurt in edlen Geschmacksrichtungen, die den Gaumen überraschen, aber alle sind exzellent. Pickles Of The Caribbean gibt's nur für Volljährige: Rum, Kokosnuss und Marmelade aus eingelegter Ananas. Movie Night mixt typische Kinosnacks: gebuttertes Popcorn, geröstete Rosinen und dunkle Schokolade.

93 **RING DING BAR**
IN: DUANE PARK PATISSERIE
179 Duane St
(zwischen Greenwich und Hudson St)
TriBeCa ③
www.ringdingbar.com

Die süßen Ring Dings gab es einst in jedem Supermarkt. In diesem Etablissement nun wurden sie revolutioniert. Der kreative Kopf, Madeline Lanciani, die einst die TV-Kochshow »Chopped Champions« gewann, hat das Rezept des Kuchens, der etwa so groß ist wie ein Eishockeypuck, als Grundlage genommen, füllt ihn mit leckeren Cremes (Nutella, Erdbeer-Cheesecake) und bestreicht ihn dick mit Glasur (Schokolade, Matcha, Pistazie).

94 **SPOT DESSERT BAR**
13 St Marks Place
(zwischen 2nd und 3rd Ave)
East Village ④
+1 212 677 5670
www.spotdessertshoppe.com

Ian Kittichai, von der Fernsehkochshow »Iron«, hat eine Schwäche für einzigartige, wundersame Dessert-Kreationen, wie etwa den Matcha Kuchen, der warm serviert wird und mit einer Ganache mit Grünem Tee gefüllt ist. Oder Harvest, das wie eine Topfpflanze aussieht: Die »Erde« besteht aus zerkrümelten Oreo-Keksen, darauf türmt sich Himbeer-Sorbet.

95 **POPBAR**
5 Carmine St
(nahe 6th Ave)
Greenwich Village ④
+1 212 255 4874
www.pop-bar.com

Wenn man unterwegs ist, isst man gern mal einen Snack im Gehen. In der Popbar gibt es zur Freude des Besuchers Gourmet-Eiscreme am Stiel. Erst wählt man die Geschmacksrichtung, dann wird das Eis in die Soße der Wahl getaucht: Schokolade, Karamell, Waffelstücken oder Pistazien. Auch Sorbets und Joghurteis gibt es am Stiel.

Die 5 besten
EUROPÄISCHEN BRASSERIEN

96 **THE DUTCH**
131 Sullivan St
(nahe Prince St)
Soho ②
+1 212 677 6200
www.thedutchnyc.com

In dieser gemütlichen Ecke von Soho trifft sich eine Menge Leute – früher oder später. Die Austern und eine feine Rohkost-Theke sind Teil des Erfolges. Die Liste der Fleischgerichte ist lang und die Weinkarte spektakulär, wenn auch mit sehr teuren Tropfen. Jedes Essen sollte mit hausgemachtem Kuchen enden.

97 **MINETTA TAVERN**
113 MacDougal St
(zwischen Bleecker und W 3rd St)
Greenwich Village ④
+1 212 475 3850
www.minettatavernny.com

Ein Restaurant mit langer Geschichte, neu erfunden von Keith McNally. Freie Tische gibt's kaum, also sollte man zu einem sehr späten Abendessen hierherkommen. Die Burger werden Jahr um Jahr als die besten New Yorks gekürt. Hier kann man auch auf Promis treffen.

98 **JULE'S BISTRO**
65 St Marks Place
(zwischen 1st und 2nd Ave)
East Village ④
+1 212 477 5560
www.julesbistro.com

Klassisches, französisches Bistro plus Live-Jazz plus importierte Kellner ergibt einen kleinen Geschmack von Paris in New York. Hier sollte man die Klassiker kosten. Die Küche hat lang geöffnet, der Eintritt (und das Wifi) ist frei. Außer dem Abendessen gibt's hier am Freitag, Samstag und Sonntag auch Brunch.

99 BLAUE GANS

139 Duane St
(zwischen Church St
und West Broadway)
TriBeCa ③
+1 212 571 8880
www.blauegans.com

Ein hübscher Raum mit Kunstpostern an den Wänden; in diesem österreichischen Lokal kocht einer von New Yorks Top-Chefs bodenständige Gerichte nach Art heimischer Wirtshäuser. Einfach unter die Familien aus der Nachbarschaft und Leute aus der Kunstszene mischen und ein klassisches Schnitzel (oder eines mit Pilzen, dazu Kräuterspätzle) genießen.

100 LE PARISIEN BISTROT

163 East 33rd St (zwischen 3rd und Lexington Ave)
Murray Hill ⑥
+1 212 889 5489
www.leparisiennyc.com

Klein, charmant und très romantisch: Das Le Parisien ist das perfekte Bistro in der Nachbarschaft für eine Verabredung. Auf der Speisekarte steht französische Seelen-Nahrung: Schnecken, Muscheln, Forelle, Zwiebelsuppe und Crème Brûlée, selbstverständlich auch großartiger Wein. Ein sehr schöner Ort für eine Auszeit, beliebt vor allem fürs Brunch.

96 THE DUTCH

5 Orte zur Stärkung beim GALERIEN-BUMMEL

101 **SANT AMBROEUS**
265 Lafayette St
(nahe Prince St)
Soho ②
+1 212 966 2770
www.santambroeus.com

Die ursprüngliche Sant Ambroeus Pasticceria und Confetteria öffnete ihre Türen im Jahr 1936 in Mailand. Das Konzept übersiedelte nach New York und wurde dort den modernen Zeiten angepasst, ohne jedoch den authentischen Mailänder Stil zu verändern. Das Lokal in Soho zieht mit seinen original italienischen Gerichten wie Vitello tonnato, Cotoletta alla Milanese und Risottos künstlerisch angehauchtes Klientel an.

102 **COOKSHOP**
156 Tenth Avenue
(nahe 20th St)
Chelsea ⑤
+1 212 924 4440
www.cookshopny.com

Dieses energiegeladene, alternative Speiselokal in der Nähe der High Line ist der perfekte Ort, um sich für eine Tour durch die Galerien von Chelsea zu stärken. Hier kann es ziemich eng werden: Alle lieben das unkomplizierte, amerikanische Essen (Frühstück, Brunch, Mittag- und Abendessen) und die tolle Außenbestuhlung entlang der 10th Avenue. Vorab reservieren.

103 RUSS & DAUGHTERS CAFE

127 Orchard St
(nahe Allen St)
Lower East Side ③
+1 212 475 4880
www.russand daughters.com

Russ & Daughters, das 1914 eröffnete, ist eine New Yorker Institution und dafür bekannt, den besten Fisch in New York zu servieren (Kaviar, Räucherlachs, Hering) sowie klassisch jüdische Spezialitäten wie Knishes (gefüllte Teigtaschen). 100 Jahre später wurde das Lokal erweitert, nun kann man sich setzen und fröhlich vor sich hin futtern. Es wird als eines der besten Restaurants NYCs gehandelt.

104 BOTTINO

246 Tenth Avenue
(nahe 24th St)
Chelsea ⑤
+1 212 206 6766
www.bottinonyc.com

Ganz in der Nähe der High Line liegt die Stammkneipe der Kunstwelt: ein sehr elegantes Lokal mit toskanischen Spezialitäten und erlesenen Weinen. Die besten Plätze sind die auf den Bänken mit dem Rücken zur Wand voller Weine oder die Tische im wundervollen Garten im Hinterhof. Wir empfehlen die Tagliata (scharf angebratenes, in Streifen geschnittenes Steak).

105 TÍA POL

205 Tenth Ave
(nahe W 22nd St)
Chelsea ⑤
+1 212 675 8805
www.tiapol.com

Rustikal und absurd winzig, aber diese Tapas-Bar führt traditionelle baskische Gerichte in neue Sphären. Die perfekte Wahl für eine kurze Ruhepause und einen Snack an der Bar. Bekannt auch für ihre knusprigen Kroketten in wechselnden Geschmacksrichtungen, und die Weinkarte, die ausschließlich spanische Produkte anbietet. Unbedingt die Lammspieße und die Patatas bravas kosten.

5 VEGETARISCHE *Hotspots*

106 **ABCV**
38 East 19th St
(zwischen Park Ave S
und Broadway)
Gramercy ⑤
+1 212 475 5829
www.abchome.com

Jean-Georges Vongerichten hat sein abc-Imperium mit einem Lokal erweitert, das sich auf Gemüse konzentriert. Das Dekor folgt seinem unnachahmlichen Stil, flippig und frisch. Ganztags geöffnet; Spezialitäten sind wärmende Suppen, Kabocha-Kürbis-Dip, Pilaf mit Ur-Weizen und asiatische Nudelgerichte.

107 **ROUGE TOMATE**
126 West 18th St
(zw. 6th und 7th Ave)
Chelsea ⑤
+1 646 395 3978
www.rougetomatechelsea.com

Bekannt für die ausgefeilten und kreativen vegetarischen Gerichte und die erlesenen Weine, beides von Pascaline Lepeltier. Das Lokal residiert in einem alten Kutschenhaus. Beschaulich und geerdet, ideal für ein nettes Abendessen oder auch einfach einen gesunden Happen.

108 **DIRT CANDY**
86 Allen St
(zwischen Grand
und Broome St)
Lower East Side ③
+1 212 228 7732
www.dirtcandynyc.com

Amanda Cohen wurde bereits mit ihren ersten winzigen Dirty Candy dank ihrer kreativen vegetarischen Gerichte bekannt. Heute kann sie ihre Fans in einem größeren Restaurant unterbringen. Ihre knusprigen, panierten, koreanisch-frittierten Brokkoli machen jeden zum Liebhaber vegetarischer Küche.

109 **BLACK BARN**

19 East 26th St (zw. Madison und 5th Ave)
Nomad ⑤
+1 212 265 5959
www.blackbarnrestaurant.com

Das Restaurant des früheren Waldorf-Astoria-Chefs hat die Größe eines Schuppens, jedoch edelst eingerichtet. Die Salate sind gigantisch. Ein Teil der Speisekarte nennt ausschließlich Gemüsegerichte, z. B. Blumenkohl-Steak in Curry und eingelegte, geröstete Ur-Karotten.

110 **NIX**

72 University Place (zwischen W 10th und 11th St)
Greenwich Village ④
+1 212 498 9393
www.nixny.com

Dieses vegetarische Lokal überrascht mit originellen Kombinationen. Das Innere ist spärlich dekoriert, man konzentriert sich aufs Essen. Am besten mit einem oder zwei Dips starten, denn das Brot ist himmlisch. Danach zu kleinen Gerichten übergehen, die man am besten teilt, wie den gegrillten Brokkoli mit weißem Cheddar-Käse, Haselnüssen und Chili.

Die 5 Favoriten von

NEW YORKER FOODIES

111 **DINNERTABLE**
206 Avenue A
(zwischen 12th und
13th St)
East Village ④

Ein Lokal mit 20 Sitzplätzen, das umgehend den Eindruck vermittelt, dass man zu Hause bei einem großen Chef gelandet ist – und irgendwie ist das auch so. Sobald man durch die Schiebetür im hinteren Teil des The Garret tritt und sich an die Bar setzt, wird einem grenzenlose Aufmerksamkeit zuteil, und der Gast kann zusehen, wie amerikanische Gerichte mit einem Schuss Japan-Einfluss zubereitet werden. Am besten sechs Gerichte bestellen und teilen, wir empfehlen das Rindertatar und Shrimp Crudo.

112 **FUSCO**
43 East 20th St
(zwischen Park und
Broadway)
Gramercy ⑤
+1 212 777 5314
www.fusconewyork.com

Scott Conant, der für seine fantasievollen Pastas und künstlerisch anmutenden Gerichte bekannt ist, verleiht diesem Juwel seine persönliche Note. Zwei mögliche Strategien: an der Bar essen, dicht gedrängt an die anderen Foodies, oder im Speisesaal im hinteren Bereich, wo etwas formellere Events und Degustationen stattfinden. Tolle Weinkarte.

113 EL QUINTO PINO

401 West 24th St
(zwischen 9th und 10th Ave)
Chelsea ⑤
+1 212 206 6900
www.elquintopinonyc.com

Eine echte, spanische Tapasbar, die geteilt ist: Die Bar eignet sich perfekt für einen Happen mit einem Glas Wein, das Hauptrestaurant für ausgedehnte Mahlzeiten. Hier sollte man die Bocadillos probieren, Luxus-Sandwiches wie den Bocadillo de Calamar, kurz frittierte Calamari auf Weißbrot.

114 WALLFLOWER

235 West 12th St
(nahe Greenwich Ave
Greenwich Village ④
+1 646 682 9842
www.wallflowernyc.com

Schon die kleine Bar im Eingangsbereich kündigt die Anbetungswürdigkeit dieses Lokals an. Die akribisch gemixten Cocktails von Xavier Herit, einst leitender Barman bei Daniel, sind ein Genuss und passen hervorragend zur seiner Auswahl unterhaltsamer Musik. Am Tisch wird ein Vier-Gänge-Menü nach dem Motto »lass dich einfach von uns bekochen« für 80 Dollar serviert. Auch spätnachts gibt es noch Snacks.

115 JAMES BEARD HOUSE DINNERS

167 West 12th St
(zwischen 6th und 7th Ave)
Greenwich Village ④
+1 212 675 4984
www.jamesbeard.org

Das James Beard House präsentiert nur die besten Chefköche des ganzen Landes, ein wundervoller Ort, um sich mit anderen Foodies zu treffen. Das Lokal residiert tatsächlich in James Beards Stadthaus; jedes Mahl beginnt mit einer Cocktail-Stunde, zu der sich alle in ein kleines Zimmer quetschen, das auf den Garten hinausgeht. Fürs Menü dann setzen sich alle Gäste an Gemeinschaftstische im oberen Stock.

5 *Restaurants für*
MEERESFRÜCHTE

116 **THE MERMAID INN**
96 Second Avenue
(zwischen 5th und 6th St)
East Village ④
+1 212 674 5870
www.themermaidnyc.com

Dieses Lokal widmet sich ganz den Meerestieren, es ist meist voll und zwanglos, der Blick fällt sofort auf die Fotos an den Wänden. Austern werden sehr ernst genommen, es gibt sogar eine Austern-App, die hilft, die richtige Wahl aus der Tageskarte zu treffen. Von 17 bis 19 Uhr Happy Hour, jede Auster kostet 1 Dollar.

117 **TACOMBI**
IM: FONDA NOLITA
267 Elizabeth St
(zwischen Prince und Houston St)
Nolita ③
+1 917 727 0179
www.tacombi.com

Das Lokal befindet sich in einer leeren Garage, gekocht wird in einem VW Bus. Das Tacombi serviert mexikanisches Essen aus nachhaltigen Zutaten. Einfach an einen Kartenspieltisch auf einen Metallstuhl setzen und die umwerfend knusprigen Fisch-Tacos und das äußerst leckere Ceviche in diesem Rahmen genießen.

118 **LURE FISHBAR**
142 Mercer St
(nahe Prince St)
Soho ②
+1 212 431 7676
www.lurefishbar.com

Was es hier gibt, ist offensichtlich, weil die gesamte Location einer Jacht gleicht. Das Lokal besteht seit vielen Jahren, zieht aber noch immer coole Kundschaft an, die wegen des Rohkost-Büfetts, dem Sushi, der sämigen Muschelsuppe und den perfekten Fischtellern kommt.

119 FLEX MUSSELS

154 West 13th St
(zwischen 5th und 6th Ave)
Greenwich Village ④
+1 212 229 0222
www.flexmussels.com

Hier werden Muscheln geschlürft, und zwar in vier Zubereitungsarten: in Weißwein, cremig, mit Tomaten und in einer exotischen Soße. Beginnen sollte man mit Muscheln, die mit Maismehl überbacken wurden, oder frittierten Austern mit scharfer Aioli. Das Lokal gleicht einem geweißelten Schuppen mit einer Farmatmosphäre drumherum.

120 SHUKO

47 East 12th St
(zwischen Broadway und University Pl)
Greenwich Village ④
+1 212 228 6088
www.shukonyc.com

Nick und Jimmy haben eines der besten Sushi-Menüs der City entwickelt. Auf der Tageskarte steht nur das, was für diesen Tag gefangen werden konnte, was nun mit exotischen Zutaten kombiniert wird. Ein paar Fusionen sind grenzwertig, denn die beiden pfeifen auf jegliche Traditionen. Auch berühmt wegen ihrer selbst gemachten Sakes und Cocktails.

117 TACOMBI

5 Top-Lokale für die DEGUSTATION

121 **AGERN**
IM: GRAND CENTRAL TERMINAL
89 East 42nd St
(nahe Park Ave)
Midtown ⑥
+1 646 568 4018
www.agernrestaurant.com

Eine Idee von Claus Meyer, dem Mann hinter Kopenhagens Noma, derzeit als eines der besten Restaurants der Welt gelistet; es liegt im Grand Central Terminal, Chefkoch ist heute der Isländer Gunnar Gislason. Viele Gerichte bestehen aus skandinavischen Zutaten, selbst die Cocktails. Zwei Degustations-Menüs werden angeboten: Eines dreht sich um Fleisch und Fisch, das andere ist hauptsächlich vegetarisch.

122 **THE EDDY**
342 East 6th St
(zwischen 1st und 2nd Ave)
East Village ④
+1 646 895 9884
www.theeddynyc.com

Die charmanten, etwas rustikalen Buden stehen im ironischen Kontrast zu den kunstvollen und verspielten Gerichten. Man sollte mit der Hausspezialität Hummer beginnen, dann einen vegetarischen Gang einlegen, dem ein Hauptgericht mit Beilage und ein Dessert folgen. Zum Degustations-Menü mit fairem Preis kann man einen leckeren Cocktail bestellen, der in einer hübsch bemalten Teetasse serviert wird.

123 THE MUSKET ROOM

265 Elizabeth St
(zwischen Prince und Houston St)
Nolita ③
+1 212 219 0764
www.musketroom.com

Das Talent eines neusseländischen Chefkochs bestimmt die kulinarische Erfahrung in diesem wohltuend rustikalen Restaurant. Im Garten hinter dem Haus wachsen Gemüse und Kräuter für die Gerichte. Das Lokal strahlt einen gemütlichen, informellen Charakter aus, aber was aus der Küche kommt, ist akribisch, fast schon atemberaubend gestylt. Die wunderbaren Aromen überraschen.

124 GABRIEL KREUTHER

41 West 42nd St
(zwischen 5th und 6th Ave)
Midtown ⑥
+1 212 257 5826
www.gknyc.com

Ein elsässischer Chef, der vorher im The Modern kochte, zieht hier die Fäden, und zwar mit aller Raffinesse. Das Lokal ist zweigeteilt, das Menü an der Bar ist ein wenig einfacher. Für eine ganz besondere Nacht eignet sich das preislich festgesetzte Vier-Gänge-Menü im Restaurant, wo auf wunderschön angerichteten Tellern liebevoll serviert wird.

125 THE MODERN

9 West 53rd St
(zwischen 5th und 6th Ave)
Midtown ⑥
+1 212 333 1220
www.themodernnyc.com

Ein Abendessen in der Bar ist herrlich, wer aber einen Abend mit Erinnerungswert sucht, der sollte einen Tisch im Restaurant buchen, das den Blick auf den Skulpturgarten des MoMA freigibt. Der Service ist tadellos, die kunstvollen Teller und das Silberbesteck, die jedem Gang angepasst werden, haben ihre eigene Wirkung. Bitte angemessen anziehen. Echte Foodies sollten The Kitchen Table buchen, an dem die Chefköche individuelle Menüs zubereiten.

149 **CAFFE REGGIO**

70 ORTE FÜR EINEN DRINK

5 Orte für KAFFEE-JUNKIES

126 **TARALLUCCI E VINO**
15 East 18th St (zwischen 5th Ave und Broadway)
Union Square ⑤
+1 212 228 5400
www.tarallucciеvino.net

Ein erstklassiger echter Italiener, wo man ganz eigene Kaffee-Interpretationen an der Bar stehend trinken kann, z. B. geeisten Espresso. Mit voller Frühstückskarte. Es ist den ganzen Tag geöffnet, später am Tag gibt es Wein, Sandwiches oder Abendessen. Drei weitere Filialen.

127 **JOE COFFEE**
141 Waverly Place (nahe Gay St)
West Village ④
+1 212 924 6750
www.joenewyork.com

In einer der idyllischsten Ecken des West Village findet man zwei Bänke, wo man sitzend den Zeitgeist von NYC aufsaugen und dabei entspannt einen Joe schlürfen kann. Die Kunst des Kaffeebrauens wird hier richtig ernst genommen, ausgebildete und stolze Baristas rösten ihre ureigene Mischung. Neun weitere Filialen.

128 **BLUESTONE LANE**
1114 Sixth Avenue (nahe W 43rd St)
Midtown ⑥
+1 212 764 0044
www.bluestonelaneny.com

Der ideale Ort für eine kurze Pause auf einer Tour durch Midtown. Die rustikale Einkehr liegt gegenüber des Bryant Park im Innenhof des Grace Building. Diese australische Kaffeehauskette serviert Spezialitäten aus Melbourne, wie Avocado mit einem Klacks Tahini.

129 **BROOKLYN ROASTING COMPANY**

25 Jay St (zwischen Plymouth und John St)
Dumbo, Brooklyn ⑩
+1 718 514 2874
www.brooklyn roasting.com

In Dumbo trifft man auf Produzenten, Fotografen und andere Kreative, die Fernsehshows und Werbefilme drehen. Hier kann man mit ihnen Kaffee trinken, das Lokal ist in Lagerhallen entlang des Wassers untergebracht, und die Bohnen werden frisch geröstet. Ihre Fairtrade-Bohnen stammen nur von den besten Kaffeefarmen in Süd- und Mittelamerika.

130 **LA COLOMBE TORREFACTION**

400 Lafayette St (nahe 4th St)
Noho ④
+1 212 677 5834
www.lacolombe.com

Dieser große, sonnengeflutete Laden braut außerordentlich guten Kaffee aus der ganzen Welt. Er wurde bekannt, weil die Bohnen frisch geröstet und vor Ort gemischt werden. Außerdem haben sie hier »Latte on Draft« erfunden, einen kalten Espresso mit aufgeschäumter Milch, den es auch in einer Dose zum Mitnehmen gibt. Fünf weitere Filialen.

127 **JOE COFFEE**

5 LUXURIÖSE
Orte für einen Cocktail

131 **DEAR IRVING**
55 Irving Place (zwischen 17th und 18th St)
Gramercy ⑤
www.dearirving.com

Was gibt es Schöneres, als in einer Art-déco-Lounge inmitten von glamourösen Silberperlen zu sitzen oder in einem Raum im napoleonischen Stil mit opulenten Lüstern und frechen Tapeten? Die Cocktails sind außerirdisch und werden auf Knopfdruck serviert, wie auch in der Schwester-Lounge Raines Law Room. Man sollte einen Platz an der goldgeprägten Bar in der Nähe des charmanten TomR ergattern.

132 **SWEET POLLY**
71 Sixth Avenue (zwischen Flatbush Ave und Bergen St)
Prospect Heights, Brooklyn ⑪
+1 718 484 9600
www.sweetpollynyc.com

Eine hohe, golden schimmernde Decke, eine prachtvolle Wand voll grüner Pflanzen und schmale Spiegel prägen das Ambiente für die noble Kundschaft. Die schönsten Sitzplätze sind wohl an den eleganten, weißen Marmortischchen mit den altmodischen Lampen, die die Cocktails zart beleuchten. Dirty Martini fließt aus dem Fass. Lassen Sie die Nacht mit einem Koffeinkick beginnen, und bestellen Sie The Golden Eye.

133 **CLOVER CLUB**

210 Smith St (zwischen Baltic und Butler St)
Cobble Hill, Brooklyn ⑪
+1 718 855 7939
www.cloverclubny.com

Im hinteren Teil die elegante, holzgetäfelte Lounge mit verspiegelten Balken, Louis-XIV-Stühlen, 70er-Jahre-Kronleuchtern und gemütlichem Kaminfeuer. Im Eingangsbereich eine Vintage-Bar aus Mahagoni, wo sorgfältig Pre-Prohibitions-Drinks gemixt werden: Fizzes, Smashed, Swizzles und Sours. Live-Jazz und eine nachbarschaftliche Stimmung.

134 **LE BOUDOIR**

135 Atlantic Avenue (zwischen Henry und Clinton St)
Brooklyn Heights, Brooklyn ⑩
+1 347 227 8337
www.boudoirbk.com

In einem Raum, der einst zum Tunnel unter der Atlantic Avenue gehörte, liegt ein Lokal von fantastischer Opulenz, das nach dem Vorbild von Marie Antoinettes Privatzimmern gestaltet wurde. Rote, samtige Sitzecken und verzierte Spiegel. Der Eingang ist im oberen Stock, in der Bücherwand des Chez Moi. Ein Traum für dekadente Cocktails wie den Dauphin: Absinth, Chili-Likör, Mandelmilch, Kokosnuss und eine Prise Kakao.

135 **BLACKTAIL**

IM: PIER A – HARBOR HOUSE, 2ND FLOOR
22 Battery Place
Battery Park City ①
+1 212 785 0153
www.blacktailnyc.com

Üppig und voller Leben, inspiriert vom Kuba der 1920er-Jahre: Das Lokal ist mit dunklem Holz ausgestattet und mit schwülstigen Bildern dekoriert, unter der Decke aus Buntglas wuchern tropische Pflanzen. Ein wunderschön illustriertes Buch dient als Karte, die die fünf wichtigsten Cocktail-Kategorien beleuchtet: Highballs, Punchs, Sours, Old Fashioned und Sonstige. Eine hübsche Etappe auf dem Weg nach Downtown mit herrlichen Drinks.

5 Bars, in denen man BANKER *trifft*

136 **THE BEER BAR**
IM: THE METLIFE BUILDING
200 Park Avenue
(nahe E 45th St)
Midtown East ⑥
+1 212 818 1222
www.patinagroup.com/the-beer-bar

Banker und Hedgefond-Manager kehren hier auf ihrem Weg zur Grand Central Station ein, bevor sie mit dem Zug heimfahren. Die Bar liegt im Freien, unter dem MetLife Building, und ist ein geselliger Ort – je später der Abend, desto lauter ist die Szene. Ein guter Tipp für Singles, hier lernt man Leute kennen.

137 **STONE STREET TAVERN**
52 Stone St
(zwischen Hanover Sq und Coenties Alley)
Financial District ①
+1 212 785 5658
www.stonestreettavernnyc.com

Die Taverne steht an einer der wenigen Fußgängerzonen der City, umgeben von netten Spots zum Leutetreffen. Hier im Viertel gibt es überall Gemeinschaftstische – selbst Wall Street Banker können hier loslassen und feiern ihre Partys. Geschichtlich betrachtet war das die erste befestigte Straße Manhattans.

138 **DORRIAN'S RED HAND**
1616 2nd Avenue
(nahe 84th St)
Upper East Side ⑦
+1 212 772 6660
www.dorrians-nyc.com

Rot karierte Tischdecken, das alte New York im klassischen Sinn. Finanzhaie kommen gern hierher, wegen des entspannten Vibes und ihrer Clique. Dienstags wird Karaoke gesungen, toll, um sich unters Volk zu mischen; Alt und Jung treffen sich hier zur Party.

139 **CASA LEVER**
390 Park Avenue
(nahe E 53rd St)
Midtown ⑥
+1 212 888 2700
www.casalever.com

Das Lokal liegt in dem Teil der Park Avenue, der fast nur aus Banken besteht. Männer besprechen wichtige Geschäfte, während sie sich an italienischen Gerichten laben. Die Bar im vorderen Teil ist lässiger, dort trinkt eben diese Klientel Martinis und erlesenste Weine. Coole Architektur und echte Warhol-Porträts.

140 **CIPRIANI CLUB 55**
55 Wall St
(zwischen William
und Hanover St)
Financial District ①
+1 646 300 8163
www.cipriani.com

Stammkunden von Deutscher Bank und Goldman Sachs zieht es in diesen Club mit eleganter Atmosphäre. Das Abendessen wird auf der großartigen Terrasse mit Palmen und imposanten Säulen serviert; alternativ in der mit exotischem Holz getäfelten Bibliothek. Am besten am frühen Abend vorbeischauen – und natürlich einen Bellini bestellen.

140 CIPRIANI CLUB 55

5 tolle Orte für
INTELLEKTUELLE

141 **THE SCRATCHER**
209 East 5th St
(nahe Cooper Sq)
East Village ④
+1 212 477 0030

The Scratcher heißt im irischen Slang so viel wie »ins Bett gehen«; dort trinken die Journalisten des »The New York Observer« nach der Arbeit, und die Jungen und Coolen lieben die relaxte irische Stimmung in einem Lokal hinter unscheinbarer Fassade. Kurz nach dem Aufmachen ist es noch ruhig, aber später füllen die Einheimischen die Bar. Sehr gute Auswahl an Bieren, am Sonntag Livemusik.

142 **THE HALF KING**
505 West 23rd St
(nahe 10th Ave)
Chelsea ⑤
+1 212 462 4300
www.thehalfking.com

Im Jahr 2000 gründeten ein paar Journalisten und ein Filmemacher diesen lässigen Treffpunkt, der Schriftsteller, Künstler und Herausgeber mit wöchentlichen Lesungen am Montagabend, visuellen Vorträgen von Fotojournalisten und der »Magazine Night« anzieht. Das neueste Thema des Besitzers Sebastian Junger, Autor von »The Perfect Storm«, sind Tribes, Internetgruppen, und die Frage, warum Menschen den Drang haben, in kleinen Gruppen zu leben.

143 **KGB BAR**

85 East 4th St (zwischen 2nd Ave und Bowery)
East Village ④
+1 212 505 3360
www.kgbbar.com

Die KGB Bar mit ihren roten Wänden und der spelunkenhaften Atmoshäre gilt seit Langem als Treffpunkt für die Literaturszene; seit den frühen 1990er-Jahren finden hier regelmäßig Lesungen statt. Im Red Room im ersten Stock kann man Theaterstücke, Geschichtenerzähler und Dichterlesungen hören, am Sonntag haben junge Schriftsteller die Chance, ihre Bücher vorzustellen. Im Veranstaltungskalender die täglichen Events nachlesen!

144 **THE EAR INN**

326 Spring St (zwischen Greenwich und Washington St)
TriBeCa ③
+1 212 226 9060
www.earinn.com

Eine der ältesten Bars New Yorks. Der Name stammt von dem berühmten Neonschild, auf dem ein Teil des B vom Wort Bar fehlte. Kreative mischen sich hier unter Stammgäste und lauschen der Livemusik, die dreimal die Woche spielt, außerdem stehen Dichterlesungen und Filmvorführungen auf dem Programm. Versorgt werden die Gäste mit erstklassigen Speisen, deren Zutaten direkt vom Erzeuger geliefert werden.

145 **CAFÉ LOUP**

105 West 13th St (zwischen 6th und 7th Ave)
Greenwich Village ④
+1 212 255 4746
www.cafeloupnyc.com

Ein Geheimtipp in Greenwich Village für Literaturfreunde und Stammkunden aus der Nachbarschaft, mit einem Tresen, an dem man schnell mal mit Fremden ins Gespräch kommt. Fantastisches Personal an der Bar, die einem den Rest des Martinis im Shaker aufheben, und charmante Kellner vervollständigen den Zauber dieses Ortes. In den 1990er-Jahren traf man hier Susan Sontag und Paul Auster.

5 *Orte zum*

KAFFEETRINKEN *und* VERWEILEN

146 **MAMAN**
239 Centre St (zwischen Grand und Broome St)
Soho ②
+1 212 226 0700
www.mamannyc.com

Das »Kind« eines Küchenchefs mit Michelin-Auszeichnung, eines Barmixers und eines Bäckers – aber vor allem ein wunderhübscher, charmanter Ort, wie die Instagram-Seite zeigt. Sitzen kann man in der Nähe der offenen Küche oder im großzügigen Raum weiter hinten. Bekannt für kleine Tartes und Kekse.

147 **STUMPTOWN**
30 West 8th St (nahe MacDougal St)
Greenwich Village ④
+1 855 711 3385
www.stumptowncoffee.com

Diese Location zeigt klare und moderne Ästhetik, mit rohen Ziegelwänden, langen Bänken und einem wunderschönen Parkett. Ein ruhiger Ort zum Verweilen in jenem Abschnitt der 8th Street, die sich gerade mit neuen und interessanten Spots ins Leben zurückkämpft.

148 **HI-COLLAR**
214 East 10th St (zwischen 1st und 2nd Ave)
East Village ④
+1 212 777 7018
www.hi-collar.com

Der liebliche Ort steht in der Zen-Tradition, inspiriert von *kissatan*, den alten japanischen Kaffeehäusern. Ergattert man einen der 13 Stühle, kann man super lockere Pfannkuchen mit Kaffee genießen, der in einem Siphon gekocht und in hübschen Tassen serviert wird. Nachts geht es mehr um Sake.

149 **CAFFE REGGIO**

119 MacDougal St
(zwischen W 3rd und
Bleecker St)
Greenwich Village ④
+1 212 475 9557
www.caffereggio.com

Hier wurde 1927 der Cappuccino in Amerika eingeführt. Dieses Lokal, mit der originalen, schmucken Espressomaschine in der Auslage, ist ein Stück Village-Geschichte. Das Alte-Welt-Ambiente zieht bis heute die jüngste Generation der kreativen Denker an. Einfach an einen kleinen, runden Tisch vor der Tür setzen und der Welt zusehen.

150 **UPRIGHT BREW HOUSE**

547 Hudson St
(nahe Perry St)
West Village ④
+1 212 810 9944
*www.upright
brewhouse.com*

Das Wort Brauhaus bezieht sich auf Kaffee, aber auch auf die Auswahl an Bieren. Vor der Tür steht eine Bank, innen laden gemütliche Sessel ein. Solide Lattes und Gebäck – außerdem Brunch, Abendessen und Wein für alle, die sich entscheiden, den ganzen Tag zu bleiben.

147 STUMPTOWN

Die 5 besten Orte für ein

BIER

151 **ZUM SCHNEIDER NYC**
107 Avenue C
(nahe E 7th St)
East Village ④
+1 212 598 1098
www.zumschneider.com

Ein bayerischer Bierkeller, in dem sich die New Yorker mit deutschen Expats mischen und über 10 deutsche Biere vom Fass und rund ein Dutzend Flaschenbiere verkosten. Der Raum wurde einem Bierkeller nachempfunden, mit Gewölbe und (künstlichen) Pflanzen; beliebt ist auch die Terrasse mit den großen Sonnenschirmen. Hier findet das jährliche Oktoberfest entlang des East River statt, Blaskapelle inklusive.

152 **MISSION DOLORES BAR**
249 Fourth Ave (zwischen Carroll und President St)
Park Slope, Brooklyn ⑪
+1 347 457 5606
www.missiondolores.com

Untergebracht in einem gewerblichen Gebäude – vorher wurden hier Reifen verkauft – und bekannt als New Yorks bester Biergarten. Flipperautomaten (komischerweise eine Rarität in der City) stehen rund um den Innenhof aus rohem Beton, an den Wänden hängen Verbrecherfotos. Fassbier (frisch und nicht pasteurisiert) und noch etwa 20 weitere Biersorten kommen aus dem Zapfhahn.

153 TØRST

615 Manhattan Avenue (zwischen Nassau und Driggs Ave) Greenpoint, Bklyn ⑨
+1 718 389 6034
www.torstnyc.com

Gegründet von Jeppe Jarnit-Bjergso, einem dänischen Braumeister, und Daniel Burns, einst der Boss von Momofuku's Testküche. Das Lokal gleicht mit der Mischung aus kühlem, weißem Marmor und recycelten Holzpaneelen einem minimalistischen Bier-Labor. Das Bier fließt aus 21 Hähnen, ein spezielles System sorgt dafür, dass jedes Gebräu genau mit der richtigen Temperatur rauskommt.

154 BLIND TIGER

281 Bleecker St (nahe Jones St) Greenwich Village ④
+1 212 462 4682
www.blindtiger alehouse.com

Eine Mikro-Brauerei auf der Bleecker Street, weit weg von ihren noblen Boutiquen. 28 Fassbiere liefern sich einen Wettbewerb mit der guten Auswahl an Flaschenbieren, die in Kategorien eingeteilt sind, wie z. B. Sours & Funk oder im Fass gereift. Außerdem werden ein paar ganz spezielle Sorten angeboten. Dazu passt am besten ein Grilled 5 Cheese Sandwich.

155 PROLETARIAT

102 St Marks Place (zwischen 1st Ave und Ave A) East Village ④
www.proletariatny.com

Für Bier-Pioniere. Diese lange, schmale Bar mit 20 Sitzplätzen steht am berüchtigten St Marks Place im East Village. Hier hat man sich auf ungewöhnliche Boutique-Biere spezialisiert, und das Personal an der Bar glänzt mit umfassendem Wissen über die verschiedenen Sorten. Es werden auch halbe Rationen angeboten, sodass der Gast so viele Biere wie möglich probieren kann. Kein Fernsehen, kein Sportprogramm.

5 großartige Bars der
ALTEN SCHULE

156 **OLD TOWN BAR**
45 East 18th St
(zwischen Broadway
und Park Ave)
Union Square ⑤
+1 212 529 6732
www.oldtownbar.com

Eine Bar, wie man sie sich vorstellt: kein Firlefanz, keine Musik, einfach nur eine Schankstelle. Hohe Decken schaffen optisch viel Platz, die Böden aus Mosaikfliesen sind Klassiker (wie auch die Pissoirs in der Herrentoilette). Im oberen Stock gibt es die besten Burger der Stadt.

157 **WALKER'S**
16 North Moore St
(nahe Varick St)
TriBeCa ③
+1 212 941 0142
www.walkerstribeca.com

Eine typische Nachbarschafts-Bar mit Stammgästen und Anzugtypen, die sich hier die Krawatte lockern; ein Relikt jener Zeit, als in dem Viertel noch die Arbeiterklasse lebte. Die abgenutzte Bar und tolle Fotos vom alten TriBeCa – einfach ein Platz für ein Fassbier oder einen guten (starken), traditionellen Cocktail.

158 **FANELLI CAFE**
94 Prince St
(nahe Mercer St)
Soho ②
+1 212 226 9412

Trotz seiner Mondänität hat sich Soho diese Charakterkneipe seit 1922 bewahrt. Man quetscht sich an die Bar oder an einen der rot-weiß gedeckten Tische und gerät mit einem der alternden Künstler aus der Nachbarschaft ins Gespräch. Die typisch New Yorker Attitüde des Personals macht das Image perfekt.

159 **MAISON PREMIERE**

298 Bedford Avenue
(zwischen S 1st und Grand St)
Williamsburg ⑨
+1 347 335 0446
www.maisonpremiere.com

Kellner in Weste und Fliege schmeißen diesen Laden mit ihrer herzlichen Art. Die Bar nimmt ihre Cocktails durchaus ernst, an Wochentagen gibt es von 16 bis 19 Uhr Austern für 1 Dollar, was eine Menge Leute an die wunderschöne, hufeisenförmige Bar aus Marmor zieht. Am allerschönsten ist der offene Innenhof über den ein Dach aus Pflanzen wächst.

160 **SAUVAGE**

905 Lorimer St
(nahe Nassau St)
Greenpoint, Bklyn ⑨
+1 718 486 6816
www.sauvageny.com

Die prachtvollen Fenster verleihen diesem neuen Laden nostalgische Heimeligkeit. Für die Cocktails werden Schnäpse mit geringem Alkoholgehalt verwendet, außerdem gibt es mehr als 200 handgemachte Liköre. Naturweine dominieren die Weinkarte, viele davon wurden auf traditionelle Weise hergestellt.

156 **OLD TOWN BAR**

Die 5 besten Bars auf HOTEL- *und* DACHTERRASSEN

161 **KING COLE BAR**
IM: ST REGIS HOTEL
2 East 55th St (nahe 5th Ave)
Midtown ⑥
+1 212 339 6857
www.stregisnewyork.com/king-cole-bar

Für all jene, die sich einmal inmitten der Elite tummeln möchten! Table 55 ist, so sagt man, der exklusivste Tisch in ganz New York; Mindestumsatz für eine Reservierung: 2500 Dollar. Hier sind die Taschen von Hermès, die Gesichter geliftet, und die Bestellung sollte Taittinger Comtes de Champagne 1075 lauten.

162 **BEMELMANS BAR**
IM: THE CARLYLE HOTEL
35 East 76th St (nahe bei Madison Ave)
Upper East Side ⑦
+1 212 744 1600

Kellner in roter Weste erinnern uns an das New York Frank Sinatras. Eine Nacht für die Ewigkeit, kleine Schwätzchen mit der Klientel der Upper East Side. Dienstags spielt Woody Allen in diesem Lokal, in dem der Jazz dominiert. Nach 21 Uhr wird der Eintritt richtig teuer.

163 **TEMPLE COURT**
IM: THE BEEKMAN HOTEL
5 Beekman St (zwischen Park Row und Nassau St)
Financial District ①
+1 212 658 1848
www.templecourtnyc.com

Eines der umwerfendsten Lokale für einen Cocktail, untergebracht in einem atemberaubenden, neunstöckigen, neugotischen Atriumhaus von 1883. Mit einer goldgrünen Bar, altmodischen Eisenstühlen und Licht aus kleinen Lämpchen. Einfach niederlassen und in der gemütlichen Opulenz schwelgen.

164 **GALLOW GREEN**
IM: THE MCKITTRICK HOTEL
530 West 27th St
(zwischen 10th und 11th Ave)
Chelsea ⑤
+1 212 564 1662
www.mckittrickhotel.com/gallow-green

Tolles Ambiente über dem Hotel, das durch das Theatererlebnis Sleep No More berühmt wurde. Keine besonderen Ausblicke, aber eine luxuriöse Zuflucht. Im Sommer punktet der begrünte, hübsch beleuchtete Hinterhof, im Winter das Blockhaus – beide detailverliebt dekoriert. Je früher man kommt, desto besser stehen die Chancen, reinzukommen.

165 **B BAR**
IM: THE BACCARAT HOTEL
20 West 53rd St
(nahe 5th Ave)
Midtown East ⑥
+1 866 957 5139
www.baccarathotels.com

Einen Häuserblock unter dem MoMA beeindruckt die unfassbar hübsche B Bar mit funkelnden Kronleuchtern, wohin man auch blickt. An der Bar stehen Stühle für zwei (ein Trend, der gerade zunimmt). Die Cocktails werden in eleganten Gläsern aus geschliffenem Baccarat-Kristall serviert.

162 **BEMELMANS BAR**

5 Orte für

WEINLIEBHABER

166 **AIR'S CHAMPAGNE PARLOR**
127 MacDougal St (zwischen W 4th und 3rd St)
Greenwich Village ④
+1 212 420 4777
www.airschampagneparlor.com

Die Sommeliers dieser Champagne-only-Bar begleiten die Gäste gern durch die geschmackliche Wunderwelt der perlenden Getränke. Ein bezaubernder Art-déco-Tempel mit einer breiten Auswahl an Champagner, von bezahlbar bis protzig. Einen guten Deal macht man zur Parlor Hour (17–19 Uhr) – drei Gläser Champagner mit Snacks für einen Festpreis. Jeden Tag ein anderes Motto.

167 **LOIS**
98 Avenue C (zwischen E 6th und 7th St)
East Village ④
+1 212 475 1400
www.loisbarnyc.com

Dies ist die erste Weinbar in NYC, die ausschließliche Wein aus dem Fass ausschenkt. Den Wein gibt es pro Glas oder Karaffe für einen fairen Preis, denn es ist günstiger, den Wein nicht in Flaschen abzufüllen, und diese Ersparnis wird an den Gast weitergegeben. Das Lokal ist sauber, modern und frisch. Empfehlenswert sind auch die gesunden Happen, wie z. B. die Arepas mit Avocado.

168 **FIG. 19**

131 1/2 Chrystie St (zwischen Broome und Kenmare St) Lower East Side ③
www.figurenineteen.com

Versteckt hinter einer Tür im hinteren Teil einer Kunstgalerie befindet sich dieses coole, nüchterne Lokal mit Kronleuchtern und einem offenen Kamin. Das Lokal hat es in diese Liste geschafft, weil es Prosecco aus dem Fass serviert und bis in die Morgenstunden eine lebendige Szene aus Künstlern und Musikern magisch anzieht.

169 **BROOKLYN WINERY WINE BAR**

213 North 8th St (zwischen Driggs und Roebling St) Williamsburg ⑧
+1 347 763 1506
www.bkwinery.com

Einer von nur zwei Weinerzeugern in NYC. Die Brooklyn Winery produziert etwa 20 Weinsorten in diesem malerischen Lokal, in dem auch gern Hochzeiten gefeiert werden. An der Bar kann man die hauseigenen Weine per Glas oder per Flasche bestellen und kosten. Spezialangebote wie das NY State Tior oder das Chardonnay 3 Ways enthalten die Verkostung von drei unterschiedlichen Rebsorten.

170 **ALDO SOHM WINE BAR**

151 West 51st St (zwischen 6th und 7th Ave) Midtown West ⑥
+1 212 554 1143
www.aldosohm winebar.com

Man kommt sich vor wie in Aldos eigenem, gemütlich-eleganten Wohnzimmer. Der Sommelier, der lange im Le Bernardin arbeitete und außerdem einen Laden betreibt, serviert (mehrheitlich) erschwingliche Weine und kleine Platten mit Snacks; gleich hinter einer Shoppingmall mitten in der 51st Street. Tipp: Aldo After Dark nach 21 Uhr, dann werden täglich die Magnumflaschen geöffnet.

5 flippige Bars auf der
LOWER EAST SIDE

171 **MEHANATA BULGARIAN BAR**
113 Ludlow St (zwischen Delancey und Rivington St)
Lower East Side ③
+1 212 625 0981
www.mehanata.com

Zigeunermusik! Hier ist alles erlaubt, auch der berühmt-berüchtigte Eiskäfig, ein gekühlter Raum, in dem man russische Uniformen und Pelzmützen trägt und jeder Wodka-Shot in zwei Minuten runtergekippt sein muss. Ein Lokal ohne Firlefanz zum Austoben und Tanzen, meist zu Musik aus dem Balkan, zusammen mit Bulgaren und Einheimischen.

172 **MAX FISH**
120 Orchard St (zwischen Delancey und Rivington St)
Lower East Side ③
+1 212 529 3959
www.maxfish.com

Die illustre Bar/Kunstgalerie auf der Lower East Side ist 2014 in neue Räume gezogen, die berühmten Lampen in Zigarettenform sind jedoch mitgekommen. Ein Himmelreich für Künstler aus Downtown, für Skater und Nachbarn. Einfach auf Instagram folgen.

173 **HOME SWEET HOME**
131 Chrystie St (zwischen Broome und Delancey St)
Lower East Side ③
+1 212 226 5709
www.homesweethomebar.com

Fans ausgestopfter Tiere werden hier ihre Freude haben: Das Lokal wirkt wie ein Kuriositätengeschäft. Auch wer gern tanzt, ist hier richtig. Die DJs spielen einen eigenwilligen Mix von Swing aus den 1950er- bis 1990er-Jahren, Teil der Lounge ist eine Tanzfläche. Ab 22 Uhr.

174 **MARSHALL STACK**

66 Rivington St
(nahe Allen St)
Lower East Side ③
+1 212 228 4667
www.marshallstacknyc.com

Ein wahrer Schatz mit extralanger Bar und großartiger Bierauswahl zu fairen Preisen. Das Interior ist ein Mischmasch aus weiß getünchten Ziegeln, rohem Verputz und goldfarbener Kassettendecke; eine Jukebox im 1950er-Stil spielt ehrliche Rocksongs. Kleine Gerichte zum Essen, wie Slider und Tilapia Po'Boys.

175 **WELCOME TO THE JOHNSON'S**

123 Rivington St
(zwischen Norfolk und Essex St)
Lower East Side ③
+1 212 420 9911

Eine richtige Spelunke, angefangen beim mit Stickern beklebten, alten braunen Kühlschrank bis zu den Sofas mit Kunststoffbezug. Man stelle sich eine Kellerbar der 1970er-Jahre vor, voller Heroinabhängiger, mit Klos, deren Wände vollständig mit Graffitis besprüht sind. Die Spezialität: Bloody Marys, die umhauen, außerdem ein Billardtisch.

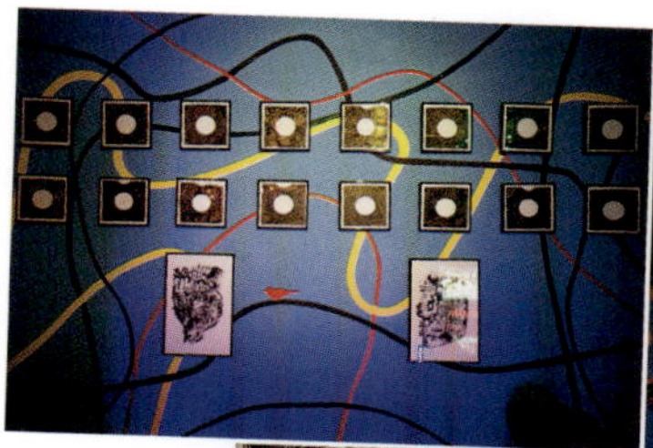

172 MAX FISH

5 tolle Orte für BESONDERE COCKTAILS

176 **HOLIDAY COCKTAIL LOUNGE**
75 St Marks Place
(zwischen 2nd und 3rd Ave)
East Village ④
+1 212 777 9637
www.holidaycocktail lounge.nyc

In den letzten 100 Jahren hat diese Bar prominente Persönlichkeiten angezogen: Madonna, Frank Sinatra, Keith Richards, Iggy Pop, Allen Ginsburg, Leo Trotzki. Selbst nach der jüngsten Renovierung in Richtung Moderne und Kitsch ist ein Vintage-Feeling zurückgeblieben. Die Cocktails werden von den Brüdern Michael und Danny Neff kultiviert, die die düstere, von Stars begleitete Vergangenheit in Ehren halten.

177 **SUFFOLK ARMS**
269 East Houston St
(nahe Suffolk St)
Lower East Side ③
+1 212 475 0400
suffolkarms.com

Giuseppe González, ein ausgesprochener Veteran unter den Barmixern, leitet diese Kneipe, die an die britischen Bars aus alten Zeiten erinnert. Das Lokal lädt entweder in die altmodischen, in hohe Holzwände eingepasste Sitznischen ein oder an einen fantastischen langen Tisch in der Mitte, wo man mit den anderen Gästen einen Drink und einen Ratsch genießt. Die Cocktails sind äußerst ausgefeilt und werden mit Persönlichkeit präsentiert – kompromisslos, typisch New Yorker Stil.

178 **ANALOGUE**

19 West 8th St (zwischen 5th und 6th Ave)
Greenwich Village ④
+1 212 432 0200
www.analoguenyc.com

Feinste Cocktails mit brasilianischem Live-Jazz im Hintergrund. Das Lokal ist modern, mit klaren Linien, lange, ledergepolsterte Bänke stehen entlang der Seitenwände. Wie in den meisten Cocktailbars ändert sich die Speisekarte mit den Jahreszeiten, und auf Wunsch wird dem Gast auch das Getränk seiner Wahl gemixt.

179 **LAZY POINT**

310 Spring St (zwischen Hudson und Greenwich St)
TriBeCa ③
www.lazypointnyc.com

Ein sehr außergewöhnliches Lokal für Cocktails und Tanz bis in die späte Nacht. In dieser Häuserzeile sind so einige heiße Bars zu Hause, aber diese Kneipe hier, mit ihrem maritimen Strand-Ambiente, ist besonders unprätentiös und fröhlich. Tequila-Freunde sollten den Underhills's Tab oder den Lomax Paloma probieren, die mit feinen, frischen Säften gemischt werden.

180 **ATTABOY**

134 Eldridge St (zwischen Broome und Delancey St)
Lower East Side ③
+1 855 877 9900

Im ehemaligen Milk & Honey haben zwei einstige Kellner eine neue Cocktailbar aufgebaut. Eine lange Bar und schmale Sitzecken füllen den lässigen Raum zwischen den geweißelten Ziegelwänden. Keine Karte: Jeder darf beschreiben, was er denn so gerne hätte. Keine Reservierungen: einfach die Klingel mit »AB« neben der Stahltür drücken.

5 Orte zum

FUSSBALLSCHAUEN

181 **PUBLIC HOUSE**
140 East 41st St (zwischen Lexington und Park Ave)
Midtown East ⑥
+1 212 682 3710
www.publichousenyc.com

Hier ist Fußball Religion, man kann alle Spiele zu jeder Zeit live ansehen: Champions League, Premier League und mehr. Das Lokal ist riesig, mit genug Platz zum Ausbreiten. Gigantische Bildschirme hängen an allen vier Ecken der Bar. Zur Happy Hour trifft sich viel junges Volk.

182 **BXL CAFÉ**
125 West 43rd St (zwischen 6th Ave und Broadway)
Midtown ⑥
+1 212 768 0200
www.bxlrestaurants.com

Jules ist der Inbegriff eines Bar-/Restaurantbesitzers – schlecht gelaunt hat man ihn noch nie erlebt. Ein hervorragender Zufluchtsort vor der verrückten Geschäftigkeit des Times Square, Fußball und Essen wirken wie Seelenbalsam: belgisches Bier und frittierte Muscheln All you can eat.

183 **BONSIGNOUR**
35 Jane St (nahe 8th Ave)
West Village ④
+1 212 229 9700

Eigentlich ist das nicht wirklich eine Fußballkneipe, außer man besucht sie während der Europa- oder Weltmeisterschaft, dann kann man vor der Tür die Spiele mit anderen Fans ansehen. Sandwiches, Panini und ein Kühlschrank voll San Pellegrino. Die Bänke vor der Tür erinnern an das gute alte Europa.

184 **SWEETWATER SOCIAL**
643 Broadway
(nahe Bleecker St)
Noho ④
+1 212 253 0477
www.drinksweetwater.com

Eine unteriridische Lounge und so gar nicht die durchschnittliche Fußballbar, denn sie ist eher gehoben als hooligan – aber Fußballbesessene wird das nicht abhalten. Die Getränkekarte wurde nach der U-Bahn-Karte New Yorks erstellt, jeder Cocktail ist nach einer Station benannt. Kickertische und 80er-Ambiente.

185 **MOLLY'S PUB & RESTAURANT SHEBEEN**
287 Third Avenue
(zwischen E 22nd und 23rd St)
Gramercy ⑤
+1 212 889 3361
www.mollysshebeen.com

Ein ruhiger, eher zivilisierter Ort, um ein Fußballspiel mit anderen Fans zu genießen. Molly's ist eine echt irische Kneipe mit Sägespänen auf dem Boden und so einigen Guinness-Hähnen, die von talentiertem Barpersonal bedient werden. Die Speisekarte bietet hervorragende Versionen irischer Spezialitäten wie Shepard's Pie und außergewöhlich gute, typisch amerikanische Bar-Snacks.

183 **BONSIGNOUR**

5 Orte mit

PERSÖNLICHER NOTE

186 **SID GOLD'S REQUEST ROOM**
165 West 26th St
(zw. 6th und 7th Ave)
Chelsea ⑤
+1 212 229 1948
www.sidgolds.com

Glitzernd wie in Las Vegas, mit kitschigen Barutensilien der 1950er-Jahre und voller Erinnerungsstücke. Im hinteren Teil wird bei einem Klavier Karaoke gesungen, Pianist Joe McGinty, einst bei den Psychedelic Furs, kann spielen, was immer man sich wünscht.

187 **THE UNCOMMONS**
230 Thompson St (zw. Bleecker und W 3rd St)
Greenwich Village ④
+1 646 543 9215
www.uncommonsnyc.com

Für alle, die gern Spielchen spielen – wortwörtlich: Im Innenraum befindet sich eine Wand mit über 1200 Brettspielen, für nur 5 Dollar kann man sie alle nutzen. Café, Tee – außerdem Bier, Wein und Cidre.

188 **BROOKLYN BOWL**
61 Wythe Avenue
(zwischen N 11th und 12th St)
Williamsburg ⑨
+1 718 963 3369
www.brooklynbowl.com

Dreifache Versuchung: Musik, Bar und 16 schicke Bowlingbahnen direkt neben der Bühne, auf der schon Stars wie Guns N'Roses und Elvis Costello gespielt haben. Live-Vorstellungen der jüngsten Indie-Bands, neuer Theaterstücke und wöchentlich eine Show von DJ Questlove. Großartiges, gegrilltes Hühnchen, das von New Yorks beliebtestem Fleischgriller, dem Blue Ribbon, geliefert wird.

189 MARIE'S CRISIS

59 Grove St (zwischen 7th Ave S und Bleecker)
West-Village ④
+1 212 243 9323

Voll mit enthusiastischen, sangesfreudigen Fans von Shows: In diesem Lokal sammeln sich meist schwule Männer (aber auch andere kommen und sind willkommen) ums Klavier und singen aus Leibeskräften die beliebten Melodien berühmter Shows, während sie aus Plastikbechern trinken. Ein heiterer Ort schon seit den frühen 1900er-Jahren.

190 THE STONEWALL INN

53 Christopher St (nahe 7th Ave)
Greenwich Village ④
+1 212 488 2705
www.thestonewallinnnyc.com

Hier fanden die 1969er-Unruhen statt, heute ist das Gebäude beim Washington Square Park ein nationales Wahrzeichen. Und ein Ort für den Initiationsritus schwuler Männer, den man am Bogen aus roten Ziegeln, dem Neon-Schriftzug und den Regenbogenfahnen erkennt. Das Angebot 2 für 1 (14–19.30 Uhr) ermutigt zum Besuch am Nachmittag.

190 THE STONEWALL INN

5 Hipster-Bars in BROOKLYN, die man besuchen sollte

191 **TOOKER ALLEY**
793 Washington Avenue (zwischen St John und Lincoln Pl) Prospect Heights, Brooklyn ⑪
+1 347 955 4743
www.tookeralley.com

Vom Brooklyn Museum of Art gleich die Straße hinunter steht eine Bar, in der hausgemachte Cocktails sehr ernst genommen, jedoch mit Humor präsentiert werden – Gedichte und Geschichten auf der Getränkekarte amüsieren die Gäste. Hier wird die Gegenkultur gefeiert: Jazz (vom Tonträger) und eine Boheme-Geisteshaltung prägen die Stimmung. Unbedingt die kreative Interpretation eines Manhattan probieren.

192 **MONTANA'S TRAILHOUSE**
445 Troutman St (zwischen St Nicholas und Cypress Ave) Bushwick, Brooklyn
+1 917 966 1666

Beim ersten Schritt in das Montana's hat man das Gefühl, in einer schrulligen Hütte im tiefen Wald angekommen zu sein. Diese ehemalige Autowerkstatt wurde mit Holz aus einer alten Scheune in Kentucky ausgestattet. Der Eingangsbereich ist voller Amerika-Symbole, an einer Fensterwand stehen Stühle für eine Ruhepause. Die Cocktails sind voll exzellenter Zutaten wie Marmelade und hausgemachten Fruchtsirups.

193 **LOT 45**

411 Troutman St (zwischen Wychoff und St Nicholas Ave) Bushwick, Brooklyn +1 347 505 9155 *www.lot45bushwick.com*

Aufstehen und mittanzen! Ein großer Raum mit Industrie-Atmosphäre und einer lustigen Ansammlung von Sofas, die so gar nicht zusammenpassen, mit rohen Ziegelwänden und edlen Lüstern, und das alles an der Straße, die in Bushwick als Epizentrum der Straßenkunst gilt. Im offenen Innenhof wird im Stehen ein französisch-algerisches Menü verzehrt. Gute Cocktails, außerdem Musik- und Kunst-Events (im Veranstaltungskalender nachzulesen).

194 **FORREST POINT**

970 Flushing Avenue (zwischen Bogart St und Morgan Ave) Bushwick, Brooklyn +1 718 366 2742 *www.forrestpoint.com*

Ehemals eine Tankstelle, heute ein buntes Lokal mit Wandbemalungen und einem verspielten Innenhof mit Schaukeln, Stühlen aus Baumstämmen und Party-Lichterketten. Ein lässiges Lokal, in das die Nachbarn auch schon mal mit ihren Hunden vorbeischauen. Den Milk Punch probieren, einen komplizierten Cocktail nach alten amerikanischen Rezepten, auf der Basis von Milch.

195 **JUPITER DISCO**

1237 Flushing Avenue (zwischen Gardner Ave und Ingraham St) Bushwick, Brooklyn *www.jupiterdisco.com*

Diese Kneipe wurde von der Bar in Star Wars inspiriert; sehr lustig, vollgepackt mit uralten Tongeräten und Sci-Fi-Utensilien. Die Getränkekarte läuft auf Fernsehern im Stil der 80er-Computerbildschirme hinter der Bar. Alle Cocktails und Fassbiere unterliegen einer limitierten Auflage, sobald sie ausgehen, werden sie von der Karte gestrichen.

70 ORTE ZUM SHOPPEN

Die 5 besten Läden für den BÜCHERWURM

196 **RIZZOLI BOOKSTORE**
1133 Broadway (zwischen W 25th und 26th St)
Nomad ⑤
+1 212 759 2424
www.rizzoliusa.com

Der letzte edle Neuzugang im Viertel; dieser Bücherladen zeichnet sich durch sein Sortiment an illustrierten Büchern über wunderbare Themen aus: Kunst, Design, Kochen u.v.m. Dazu kommen Bücher auf Italienisch, Spanisch und Französisch, außerdem gibt's viele europäische Zeitschriften und Zeitungen. Gefeierte Autoren laden zu Lesungen, also den Veranstaltungskalender prüfen.

197 **THE STRAND**
828 Broadway (nahe E 12th St)
Greenwich Village ④
+1 212 473 1452
www.strandbooks.com

Dieses Geschäft, das sich seiner 18 Meilen (29 km) Bücher rühmt, bietet Serviceleistungen wie kein anderes: Den Kunden werden ganze Buchsammlungen erstellt, die sowohl ihrem Geschmack entsprechen als auch zu ihrer Inneneinrichtung passen. Die erlesenen Erstauflagen sind von einer Qualität, die Sammlern die Tränen in die Augen treibt. Hier kann man leicht einen Nachmittag damit verbringen, durch die Gänge zu wandern oder die günstigen Angebote vor der Tür zu durchforsten.

197 THE STRAND

199 THREE LIVES & COMPANY

198 **GREENLIGHT**

686 Fulton St
(nahe S Portland Ave)
Fort Greene,
Brooklyn ⑩
+1 718 246 0200
www.greenlight bookstore.com

Ein Hoch auf den unabhängigen Buchhändler! Dieser Freigeist wurde von der Nachbarschaft mit offenen Armen empfangen. Folgende Veranstaltungen im Laden: am Samstagmorgen Kinderlesungen, an den Abenden Gespräche mit führenden Schriftstellern. Ein paar ihrer großen Buchvorstellungen finden im BAM (Brooklyn Academy of Music) statt, mit Promis wie John Cleese, Elvis Costello, Lena Dunham und Neil Gaiman.

199 **THREE LIVES & COMPANY**

154 West 10th St
(nahe Waverly Pl)
Greenwich Village ④
+1 212 741 2069
www.threelives.com

Ein kuscheliger, unabhängiger Buchladen, der ein Grund dafür ist, warum das Village als so originell gilt. Seit 1983 steht er an dieser Ecke und wird dem Viertel sicherlich auch erhalten bleiben. Die Einheimischen vertrauen den Empfehlungen des Besitzers Toby Cox und kehren regelmäßig in den Laden zurück, um die Bücher, die sie gerade gelesen haben, mit ihm zu diskutieren.

200 **McNALLY JACKSON**

52 Prince St
(zwischen Lafayette und Mulberry St)
Nolita ③
+1 212 274 1160
www.mcnallyjackson.com

Dieser unabhängige Buchhändler hat seine Fans: Jeden Abend trifft sich eine Menge Leute, um mit gefragten Schriftstellern zu diskutieren. Außerdem ist er hochmodern, denn er nutzt die Chancen des digitalen Zeitalters: Der Betreiber verlegt jeden Monat 700 Bücher, der Kunde kann sie auch in analoger Form mitnehmen, weil ein Drucker vorhanden ist, oder sogar seine individuelle Spezialausgabe als Geschenk drucken.

Die 5 besten Läden für KUNSTBÜCHER

201 **METROPOLITAN MUSEUM OF ART BOOKSTORE**
1000 Fifth Avenue
(nahe E 82nd St)
Midtown ⑥
+1 212 535 7710
www.metmuseum.org

Nach all der erstaunlichen Kunst in den Museen mag so mancher das Bedürfnis haben, Andenken daran mit nach Hause zu nehmen. Drucke, Poster, Schmuck und Grußkarten sind Teil des Sortiments, außerdem eine einzigartige Kollektion an Kunstbüchern. Auch Werke aus dem Eigenverlag werden verkauft, die den Kunstliebhaber in den kommenden Jahren an die Ausstellung, die er besucht hat, erinnern wird.

202 **MAST BOOKS**
66 Avenue A
(nahe E 5th St)
East Village ④
+1 646 370 1114
www.mastbooks.com

Ein selbstständig geführter Laden, der das Thema Buch mit Ernsthaftigkeit angeht. Mast Books verfügt über eine wunderbare Sammlung von antiquarischen Büchern und solchen, die schon lange nicht mehr nachgedruckt werden; daneben werden Zeitschriften und seltene Editionen vertrieben. Der Kunde wird eine großartige Kollektion an Büchern über Kunst, Fotografie, Design, Mode und Kino finden, außerdem Belletristik und Lyrik. Es wird auch angekauft.

203 URSUS

50 East 78th St (zwischen Park und Madison Ave)
Upper East Side ⑦
+1 212 772 8787
www.ursusbooks.com

In diesem Allerheiligsten der Kunstbücher kann man sich rasch verlieren, es fasziniert Sammler ebenso wie neu gebackene Kunstliebhaber. Ursus ist eine Institution mit einer unübertroffenen Kollektion an Kunstbüchern aus allen fünf Kontinenten, inklusive seltenen Büchern, Kalatogen und Drucken. Die Website gibt Auskunft über die Vielfalt des Bestands.

204 192 BOOKS

192 Tenth Avenue (nahe W 21st St)
Chelsea ⑤
+1 212 255 4022
www.192books.com

Dieser Laden, der von der Paula Cooper Gallery betrieben wird und als Unterstützer der minimalistischen und Konzeptkunst berühmt wurde, offeriert seinen Kunden eine handverlesene Auswahl an Büchern über Kunst und Fotografie sowie Prosa, Geschichtsbücher und Biografien. Es gibt Lesungen, Events und Signierstunden, außerdem jeden Mittwoch um 11 Uhr eine Erzählstunde für Kinder.

205 PRINTED MATTER

231 Eleventh Avenue (nahe W 26th St)
Chelsea ⑤
+1 212 925 0325
www.printedmatter.org

Sol LeWitt gründete diesen Shop zusammen mit ein paar anderen Künstlern. Dieser nicht kommerzielle Buchladen hat sich auf die Bücher, Fanzeitschriften, Poster und Drucke u.a. politischer Künstler spezialisiert, daneben gibt es eine breite Auswahl an bereits vergriffenen Werken. Ziel ist es, Publikationen zu erhalten und zu verbreiten, die von den Künstlern selbst erstellt werden. Es gibt Präsentationen von Fanzines, Ausstellungen und Neuvorstellungen.

5 Orte für
GIRLFRIEND-SHOPPING

206 **MARYAM NASSIR ZADEH**
123 Norfolk St
(zwischen Delancey
und Rivington St)
Lower East Side ③
+1 212 673 6405
www.mnzstore.com

Die Besitzerin des Shops ist selbst Designerin und den New Yorkern ob ihres akribischen Stils ein Begriff. Ihre Schuhe und Kleidung sind der Traum für Minimalisten und perfekt auf den Büroalltag zugeschnitten. Den Laden umgibt eine gewisse Alte-Welt-Eleganz, und Fashionistas fühlen sich von den neuesten Designs magisch angezogen.

207 **THE REFORMATION**
23 Howard St (zwischen
Crosby und Lafayette St)
Soho ②
+1 212 510 8455
www.thereformation.com

Nur Nacktheit ist nachhaltiger – danach kommt gleich alles aus diesem Laden. Hier wird Kleidung ausschließlich aus nachhaltigen Materialien, Upcycling-Stoffen aus Ladenhütern und wiederbelebten Vintage-Stücken erschaffen. Eine weitere Filiale auf der Lower East Side.

208 **ARTISTS & FLEAS IN CHELSEA MARKET**
88 Tenth Avenue
(nahe W 15th St)
Chelsea ⑤
+1 917 488 0044
www.artistsandfleas.com

Hier kann man sich unter die Künstler mischen und dabei kleine Schätze entdecken. 30 selbstständige Designer laden zum Stöbern ein, es gibt eine Fülle an Produkten unabhängiger Designer und Shopbesitzer, von Kunst, Musik, Vintage-Kleidung und Taschen bis zu Schmuck.

209 BABEL FAIR

260 Elizabeth St
(zwischen Prince und Houston St)
Nolita ③
+1 646 360 3685
www.babelfair.com

Für alle, die gern in origineller, fließender Kleidung durch die Welt flattern: Hier finden sie eine Auswahl an Marken, die es nirgendwo sonst gibt – aus weit entfernten Ecken wie Brasilien, Japan oder Argentinien, allesamt handverlesen von Erica Kiang. Darunter Jumpsuits, Lederjacken und Trenchcoats.

210 BHLDN & ANTHROPOLOGIE

1230 Third Avenue
(zwischen E 71st und 72nd St)
Upper East Side ⑦
+1 212 288 1940
www.anthropologie.com

Jedes einzelne Outlet von Anthropologie beeindruckt schon allein durch die Inneneinrichtung. Diese einzigartige Lifestyle-Marke ist in der Boho-Chic-Clique längst Kult, hier bekommt man alles: eine erlesene Auswahl an Kleidung und Accessoires bis zu den begehrenswertesten Büchern und Einrichtungsgegenständen. In dieser Filiale kann man auch einen Termin für komplette Hochzeitsausstattungen vereinbaren.

210 BHLDN & ANTHROPOLOGIE

5 *Orte, wo man* IT-GIRLS VON DOWNTOWN *trifft*

211 **OPENING CEREMONY**
35 Howard St (zwischen Broadway u. Crosby St)
Soho ②
+1 212 219 2688
www.openingceremony.com

Alles rund um die Mode, die man in Hochglanzmagazinen und an Prominenten sieht, gibt es hier. Wegen etlicher Marken aus Europa hat der Shop etwas europäisches Flair. Dank der Kooperation mit In-Designern zieht er Models, Blogger und die coolsten Girls der City an.

212 **CLOAK & DAGGER**
334 East 9th St (zwischen E 1st und 2nd Ave)
East Village ④
+1 212 673 0500
www.cloakanddaggernyc.com

Dieser Laden hat eine einzigartig coole 1960er-Jahre-Atmosphäre und mischt Vintage mit Neuem. Die Besitzerin ist selbst Designerin und wählt mit scharfem Blick die Marken aus, die die Ästhetik des Ladens prägen. Das Stöbern macht Spaß, die Angestellten sind selbst toll angezogen und immer bereit, mit cleverer Stilberatung zu helfen.

213 **ANINE BING**
330 Bleecker St (zwischen W 10th und Christopher St)
West Village ④
+1 646 590 1161
www.aninebing.com

Anine Bing betrat die Szene mit lautem Knall. Es ist sehr viel einfacher, perfekte Jeans, trendige Boots oder eine Lederjacke zu finden, wenn alles bewusst ausgesucht und professionell geschneidert wurde. Mit den Stücken dieses Ladens kommt man durch alle Jahreszeiten.

214 **CREATURES OF COMFORT**

205 Mulberry St (zwischen Kenmare und Spring St)
Nolita ③
+1 212 925 1005
www.creaturesofcomfort.us

Dieser Laden ist nur einer von vielen, die den New Yorker Spirit verkörpern. Eine Lifestyle-Marke, auf die die berufstätige New Yorkerin sowohl für den Job als auch für die Freizeit zählen kann. Hier arbeitet man mit weltberühmten Fashion-Influencern zusammen, die Kleidung und die Accessoires sind von hoher Qualität und jenseits schnelllebiger Trends – diese Stücke überstehen den Lauf der Zeit.

215 **LOVE ONLY**

434 East 9th St (zwischen 1st Ave und Ave A)
East Village ④
+1 917 280 0649

Hier kauft nur, wer sich von der Masse abheben will. Die Kollektion wird vom Besitzer selbst ausgesucht und nach den Farben sortiert, ein Himmelreich für Stücke von einheimischen und internationalen, selbstständigen Designern. Das Motto ist: Rock-'n'-Roll-Baby trifft Models in ihrer Freizeit. Umwerfende Kleider, Mäntel und einzigartige Geschenkideen.

5 coole Designershops für SIE und IHN

216 **HELMUT LANG**
38 Gansevoort St
(zwischen Greenwich
und Hudson St)
Meatpacking District ④
+1 212 242 4165
www.helmutlang.com

Diese minimalistisch-dekonstruktivistische Kollektion seines New Yorker Stammhauses im Meatpacking District sollte man gründlich durchkämmen. Unter neuer Leitung von Isabella Burley, der Herausgeberin von »Dazed & Confused«, ist die Marke zu ihren Wurzeln zurückgekehrt und inkludiert eine Sonderkollektion von Hood-By-Air-Designer Shayne Oliver.

217 **IF SOHO**
94 Grand St (zwischen
Mercer und Greene St)
Soho ②
+1 212 334 4964
www.ifsohonewyork.com

Ein Laden, der sich ganz auf die urbanen Bedürfnisse und Wünsche des kultivierten, kunstsinnigen Wesens konzentriert. Das Personal lebt für die Mode und hilft dem Kunden gerne dabei, seinen ureigenen Stil zu finden – nur sollte er auch entsprechend gut aussehen. Marken wie Comme des Garçons, Dries Van Noten, Guidi, Yohji Yamamoto, Ann Demeulemeester und Haider Ackermann.

218 **A.P.C.**

131 Mercer St (zwischen Spring und Prince St)
Soho ②
+1 212 966 9685
usonline.apc.fr

Eine französische Marke, die die kultige Jeans und eine moderne, gefühlvolle Sichtweise in den Mittelpunkt stellt. Wunderschön auch die Innenarchitektur von Laurent Deroo, der mit seiner Visionskraft den attraktiven Laden entworfen hat. Treue Fans bekommen eine neue Jeans um die Hälfte billiger, wenn sie eine alte mitbringen. Übrig gebliebene Ware aus der vorigen Saison wird im Laden in der Perry Street verkauft.

219 **ACNE STUDIOS**

33 Greene St
(nahe Grand St)
Soho ②
+1 212 334 8345
www.acnestudios.com

Dieses Studio dosiert bewusst den Einblick des Kunden. Kleine, elegante Räume – als befände man sich im wohlsortierten Kleiderschrank einer Privatperson; Stockholmer Minimalistik dominiert die Ästhetik. Die Kleidung ist einfach praktisch, lange Lebensdauer inklusive. Bekannt wurde die Marke durch ihre Jeans, aber dieser Laden bietet so viel mehr.

220 **RICK OWENS**

30 Howard St
(nahe Crosby St)
Soho ②
+1 212 627 7222
www.rickowens.eu

Den Flagshipstore in NYC, der in einem Ambiente von Rohbeton sein Zuhause gefunden hat, beherrscht eine hohe Dichte an internationalen Designern; außerdem Personal, das sich richtig ins Zeug legt. Auf gut 2500 Quadratmetern findet man alles – von Laufstegmode, DRKSHDW-Basics, Schuhen, Leder-Accessoires bis zur Schmucklinie Hunrod seiner Frau Michèle Lamy.

Die 5 besten Orte zum

SHOPPEN WIE EIN NEW YORKER

221 **OAK**
28 Bond St
(zwischen Lafayette St und Bowery)
Noho ④
+1 646 682 7899
www.oaknyc.com

Es ist absolut kein Mythos, dass die meisten New Yorker zu allen Gelegenheiten Schwarz tragen und es Shops gibt, die dem mit Kollektionen in Schwarz, Grau und Weiß entsprechen – OAK ist einer von ihnen. Der Shop ist optisch gelungen, die Mode progressiv. Einfach reingehen und sehen, was man so schon immer gesucht hat; Mode und Accessoires für Männer und Frauen.

222 **SPACE NINETY 8 (UO)**
98 North 6th St (zwischen Wythe und Berry St)
Williamsburg ⑨
+1 718 599 0209
www.uospaces.com

Urban Outfitters verteilt sich über drei Stockwerke, die zum Shoppen und Entspannen geschaffen wurden und die Geisteshaltung der Umgebung sehr gut treffen. Die Marke verbindet ein tiefer Glauben an die Kreativen, deshalb stößt man auf viele Waren, die in Brooklyn hergestellt wurden. Am besten verbringt man den ganzen Nachmittag mit Shoppen von Hipster-Kleidung und anderen skurrilen Objekten, die UO auszeichnen. Und danach mit einem Drink auf die Dachterrasse und den Blick genießen.

223 **3X1 DENIM**

15 Mercer St (zwischen Canal und Grand St)
Soho ②
+1 212 391 6969
www.3x1.us

In der Welt von Edel-Denim ist das 3x1 die Guru-Werkstatt, mit einem speziellen Konzept für maßgeschneiderte Jeans. Wer sich für einen Denim-Sammler hält oder auf exakt angepasste Hosen steht, der sollte hier einkaufen. Dieser Laden gehört zu den Geheimnissen New Yorks und ist außerdem sehr cool. Hier sind Experten am Werk.

224 **DOVER STREET MARKET**

160 Lexington Avenue (zwischen E 30th und 31st St)
Murray Hill ⑥
+1 646 837 7750
www.doverstreetmarket.com

Modefreaks, Fans des Einzigartigen und von Unikaten geben hier ihr Geld aus. Ehrfürchtig streichen die Kunden durch die mit edlen Designerstücken gefüllten Etagen. Ganzheitlich prachtvoll und schick – der Laden, die Kleidung, die Kunstinstallationen und selbst das Personal.

225 **MADEWELL**

115 Fifth Avenue (nahe E 19th St)
Flatiron ⑤
+1 212 228 5172
stores.madewell.com

Alle Mädchen schätzen den Wert einer bequemen Jeans und eines Tanktops. Madewell macht's möglich. Die Marke ist bekannt für den letzten Schrei zum fairen Preis. Redakteurinnen lieben diesen Laden. Der ideale Pit-Stop für ein Paar Sommersandalen oder ein weich fließendes Kleid, das man jahrelang tragen kann.

5 Shops in Brooklyn für die MODEBEWUSSTEN

226 **BIRD**
203 Grand St
(zwischen Bedford Ave und Driggs St)
Williamsburg ⑨
+1 718 388 1655
www.birdbrooklyn.com

Diese Boutique ist ein Teil von Brooklyn. Die Brooklyner lieben alles, was dieser Laden verkauft, und außerdem wollen sie dafür nicht bis nach Manhattan reisen. Der Inhaber von Bird war einst Einkäufer bei Barneys und besitzt ein fein geschultes Auge; zum Glück für die Bewohner Brooklyns ist er auf Expansionskurs und kooperiert mit den Kreativen.

227 **SWORDS-SMITH**
98 South 4th St
(zwischen Berry St und Bedford Ave)
Williamsburg ⑨
+1 347 599 2969
www.swords-smith.com

Ein wenig Shopping-Therapie gefällig? Selbstständige Designer stellen die erlesene Kollektion. Der Indie-Shop ist hübsch eingerichtet und weitläufig, sodass beim Shoppen kein Gedränge entsteht. Saubere, klare Silhouetten dominieren den Stil, jedes Stück von hier wird für Gesprächsstoff sorgen und den Träger dieser Kleidung als besonders cool hervorheben.

228 **CATBIRD**

219 Bedford Avenue
(zwischen N 4th und
5th St)
Williamsburg ⑨
+1 718 599 3457
www.catbirdnyc.com

Schlichtweg der Inbegriff von »reizend«; diese heiß geliebte Boutique ist eine Schatztruhe voll mit zartem Indie-Schmuck, der in Bergen und Schichten auf den Auslagen drapiert wird; außerdem eine fein sortierte Kollektion an Pflegeprodukten und Einrichtungsartikeln. Die Materialien sind allesamt aus ethisch korrekten Quellen, vor Ort befindet sich ein Studio, in dem Schmuck hergestellt wird.

229 **SINCERELY TOMMY**

343 Tompkins Avenue
(zwischen Madison und
Monroe St)
Bedford Stuyvesant
+1 718 484 8484
www.sincerelytommy.com

Der Shop für Fans des Minimalismus, mit Frauenkleidung von jungen Designern und globalen Lifestyle-Marken – schwingende Silhouetten, die sich dem Lebensrhythmus der Trägerin anpassen, stehen im Vordergrund. Die Ladenfläche ist großzügig, sodass Shoppen hier richtig Spaß macht. Zudem gibt's eine Café-Bar, die Fairtrade-Kaffee braut.

230 **FRONT GENERAL STORE**

143 Front St
(zwischen Pearl und
Jay St)
Dumbo ⑩
+1 646 573 0123
www.frontgeneralstore.com

Die Dumbo-Gegend bietet jede Menge toller Fotomotive, aber dieser Vintageladen ist das Sahnehäubchen. Er ist bis obenhin voll mit Schätzen aller Art: wundervoller indianischer Schmuck, Hüte, Jeansjacken, Stiefel, Keramik – die Liste ist unendlich. Einfach eintreten, denn die Chancen, beim Verlassen des Ladens ein wirklich elegantes, schickes Stück zu tragen, sind groß.

228 **CATBIRD**

230 **FRONT GENERAL STORE**

5

VINTAGE-LÄDEN

für coole Dinge

231 **COBBLESTONES**
314 East 9th St
(zwischen 1st und 2nd Ave)
East Village ④
+1 212 673 5372

Die Zeitkapsel liegt nur einen Schritt von der Straße entfernt. Seit vielen Jahren gibt es diesen Laden im East Village, und er ist vollbepackt mit Vintage-Stücken. Prominente und Stilisten kaufen hier ein, auch wenn sie es nie zugeben würden. Die Besitzerin hat ihren ganz eigenen Stil und sehr viel Ahnung von Vintage-Mode.

232 **DUO NYC**
337 East 9th St
(zwischen 1st und 2nd Ave)
East Village ④
+1 212 777 7044
www.duonyc.com

Toller Schmuck, handgemacht von lokalen Designern, Jeans, die man einfach besitzen muss, natürliche Stoffe in schlichten Silhouetten und organischer Schönheit. Was immer man hier kauft, hat die Chance, rasch zum Lieblingsstück der kommenden Jahre zu avancieren. Die Besitzerinnen sind Schwestern mit bewundernswerter Stilsicherheit.

233 **STOCK VINTAGE**

143 East 13th St
(zwischen 3rd und 4th Ave)
East Village ④
+1 212 505 2505
www.stockvintagenyc.com

Wenn die Filmbranche alte Kleidung für ihren Dreh braucht, dann gehört das Stock Vintage zu ihren ersten Adressen. Den Kunden gefällt die Ordnung im Laden, außerdem die interessante Fassade im East Village. Das Hauptaugenmerk liegt auf amerikanischer Arbeiterkleidung, aber auch auf Militäroutfits und Accessoires, die sonst schwierig zu finden sind. Ein absolutes Muss.

234 **BEACON'S CLOSET**

10 West 13th St
(zwischen 5th und 6th Ave)
Greenwich Village ④
+1 917 261 4863
www.beaconscloset.com

Eine Institution für schicke New Yorker mit kleinem Geldbeutel. Vintage-Jägerinnen wird die Menge und Vielfalt des Angebots beeindrucken. New Yorker und internationale Shopper treffen hier zusammen, in der Hoffnung, den einen oder anderen Schatz zu finden. In allen Filialen ist es möglich, Vintage oder Secondhand-Stücke zu kaufen, zu verkaufen oder einzutauschen.

235 **SHAREEN VINTAGE**

13 West 17th St
(zwischen 5th und 6th Ave)
Flatiron ⑤
+1 212 206 1644
www.shareen.com

Nur wenn man darüber gelesen hat oder von einem Vintage-Fan eingeweiht wurde, findet man diesen Shop, weil das Shareen so versteckt liegt, dass man einfach daran vorbeilaufen würde: im zweiten Stock einer loftartigen Lagerhalle. Es ist nur geöffnet, wenn ein Kleid sichtbar außen an der Feuertreppe hängt – typisch New York! Bräute mit Faible für Vintage sollten diesen romantischen Laden ganz oben auf ihrer Liste für Brautkleider führen.

5 Läden für SPORT- UND OUTDOOR-KLEIDUNG

236 **BANDIER**
164 Fifth Avenue
(zwischen W 21st und 22nd St)
Flatiron ⑤
+1 646 360 3345
www.bandier.com

In diesem luftigen Loft trifft Fitness auf Mode. Der Flagshipstore zeigt eine Kollektion aus Leggings, schicken Sportschuhen, tollen Socken, dazu Taschen, um all das auch nach Hause zu schaffen. Darüber, im Studio B, kann man an Fitnesskursen teilnehmen und gleich das neue Outfit zeigen. Nur für Frauen.

237 **ROOTS**
228 Elizabeth St
(zwischen Prince und Houston St)
Nolita ③
+1 646 833 7417
www.roots.com

Die kanadische Firma produziert sowohl Strapazierfähiges für raue Outdoor-Aktivitäten als auch Bequemes für sanftere Sportarten. Hierher kommt, wer auf der Suche nach Sweatshirts, Trainingshosen, Sportkleidung, Socken und Lederwaren ist. Und auch, wer eine ganz bestimmte Vorstellung von seinem Outdoor-Stil hat.

238 **FILSON NYC**
40 Great Jones St
(zwischen Lafayette St und Bowery)
Noho ④
+1 212 457 3121
www.filson.com

Filson ist eine seriöse Marke für Outdoor-orientierte Leute mit höchsten Ansprüchen. Das Angebot ist gut sortiert: effiziente Rucksäcke, praktisch gepackte Kulturbeutel, Accessoires aus Leder und Überbekleidung – alles aus Outdoor-tauglichen Materialien und solide verarbeitet.

239 PARAGON

867 Broadway
(nahe E 18th St)
Flatiron ⑤
+1 212 255 8889 or
+1 800 961 3030
www.paragonsports.com

Vier riesige Stockwerke voll mit Ausrüstung für so ziemlich jede Sportart – nach Jahreszeiten wechselnd. Jogger freuen sich, denn hier werden sie den perfekten Schuh finden. Natürlich genau zu ihrem Laufstil passend, denn sie können verschiedene Modelle auf dem Laufband testen und per Videoanalyse die ideale Wahl treffen.

240 PATAGONIA

72 Greene St (zwischen
Spring und Broome St)
Soho ②
+1 212 334 5213
www.patagonia.com

Ja, das ist eine Kette, aber eine sehr nette. Beschädigte Ware wird hier repariert, Umweltaktivisten zeigen Dokumentarfilme, und sonntags finden gratis Yogastunden statt. Wenn ein gewünschter Artikel nicht auf Lager ist, wird er aus einer anderen Filiale per Fahrradkurier am selben Tag geliefert.

238 FILSON NYC

5 *Läden für individuelle*

MÄNNER MIT STIL

241 **SATURDAYS NYC**

31 Crosby St (zwischen Grand und Broome St)
Soho ②
+1 212 966 7875
www.saturdaysnyc.com

Freunde der Wellen finden hier ihre Surfer-Outfits. Am besten mit einem exzellenten Espresso starten, dann an Surfboards, Männerkleidung und Büchern entlangstreifen, bis zum Hinterhof – dort stößt Mann auf andere Surfer zum Austausch von Erlebnissen. Der Stil ist entspannt, der Schwerpunkt liegt auf Baumwolle und anderen Naturfasern in natürlichen Farben.

242 **THE LODGE**

220 East 10th St (zwischen 1st und 2nd Ave)
East Village ④
+1 212 777 0350
www.lodgegoods.com

Der Gentleman mit einer Leidenschaft für Accessoires wird rasch herausfinden, dass dieser kleine Laden ganz groß ist in Sachen traditionellem Stil für die essenziellen Dinge im Leben. Von luxuriösen, handgefertigten Lederwaren bis zu Pflegeprodukten – die Faszination beginnt mit dem Eintreten. Fast scheint es, als ob jeder Winkel hier dafür geschaffen wäre, ganz besonderen Stücken eine Bühne zu geben. Der Service ist freundlich, und der Whisky fließt reichlich.

243 **ALIFE RIVINGTON CLUB**

158 Rivington St
(zwischen Suffolk und
Clinton St)
Lower East Side ③
+1 212 432 7200
www.alife.nyc

Zum Einlass in diese Herrenboutique muss man erst eine Glocke läuten, dann öffnet sich die Tür zur Ansammlung begehrenswerter Turnschuhe – in limitierter Auflage – und eleganter Straßenkleidung (wie die Alexander-Wang-Kollektion von Adidas). Das Shop-Trio ist ein Himmelreich für den Sammler von Freizeitschuhen und legerer Kleidung – das gepflegte Ambiente wird manchen davon überzeugen, den eigenen Kleiderschrank etwas aufzuwerten.

244 **IDOL BROOKLYN**

101 Metropolitan
Avenue (zwischen
Wythe und Berry St)
Williamsburg ⑨
+1 718 599 4365
www.idolbrooklyn.com

Der klug beleuchtete und gut organisierte Laden ist ein pures Vergnügen, bekannt für seine progressive Mode und seinen kompetenten Kundenservice. Man stelle sich minimalistische Mode in Schwarz- und Olivtönen vor, und natürlich klassische Karos. Genau der richtige Ort für einen angenehmen Nachmittag, an dem man erst seinen Kleiderschrank mit topaktuellen Designs bestückt und dann sich selbst mit einem herzhaften Brunch in Williamsburg verwöhnt.

245 **FREEMAN'S SPORTING CLUB**

8 Rivington St (zwischen Bowery und
Chrystie St)
Lower East Side ③
+1 212 256 1309
www.sportingclub.com

Ein Klassiker für ein altmodisches Einkaufserlebnis – bei Freeman's bekommt man einen maßgefertigten Anzug, einen eleganten Haarschnitt und eine Rasur, alles an einem Ort. Das Sakko wird angepasst, Freizeitkleidung, männliche Accessoires und Pflegeprodukte sind Teil der Kollektion.

5 einzigartige Läden für
GESCHENKE & ZUHAUSE

246 **PINK OLIVE**
439 East 9th St
(zwischen 1st Ave und
Ave A)
East Village ④
+1 212 780 0036
www.pinkolive.com

Ein magischer Laden für Geschenke, die man schon immer gesucht hat. Kunstvolle und witzige Grußkarten, Kunst für die Wände, Geschenke zur Geburt, Innendekor, Süßes und Bücher – selbst kreative Teenager werden hier ihren Spaß haben. Der aufmerksame Service ist wohltuend.

247 **LES ATELIERS COURBET**
175 Mott St
(zwischen Broome
und Kenmare St)
Nolita ③
+1 212 226 7378
www.ateliercourbet.com

Hervorragendes Handwerk aus der guten alten Zeit ist das Thema in diesem Galerie-Laden, der Sammlerstücke für den Haushalt, Möbel und Beleuchtung ausstellt. Ein ehemaliges Kutschenhaus wurde attraktiv renoviert und mit hohen Fenstern versehen, dabei blieben die antiken Elemente erhalten.

248 **ABC CARPET AND HOME**
888 Broadway
(zwischen E 18th und
19th St)
Union Square ⑤
+1 212 473 3000
www.abchome.com

Sechs Stockwerke Wunderland für Shopper: ein ökologischer Mix an handgemachten und grob gearbeiteten Tischwaren, Eklektisches für die Bar, handgefertigter Designerschmuck, einzigartige Geschenke und edles Bettzeug. Unbedingt das Untergeschoss besuchen – für den Frieden.

249 MOMA DESIGN STORE

81 Spring St
(nahe Crosby St)
Soho ②
+1 646 613 1367
www.store.moma.org

Dieser Standort des berühmten Designerladens ist bis oben voll edler Waren und verfügt über mehr Platz als sein »Cousin« in Midtown. Man findet jedoch genau die gleichen besonderen Haushaltswaren, Bücher, Taschen und die berühmten Schals. Neu sind das Linsenset für die iPhone-Kamera, ein cooles Baumzelt und schwebende Lautsprecher.

250 THE FUTURE PERFECT

55 Great Jones St (zwischen Lafayette und Bowery)
Noho ④
+1 212 473 2500
www.thefutureperfect.com

Der Laden bot ursprünglich in Williamsburg unbekannten Designern und Künstlern ein Forum, heute ist die Kollektion nach Noho umgesiedelt. Eine interessante Mischung aus unkonventionellen Stücken zeigt die Zukunft von Design, darunter Accessoires fürs Zuhause: Kopfkissen, Vasen, Terrarien, Deko.

250 THE FUTURE PERFECT

5 Pilgerorte für STRASSEN- & TURNSCHUHE

251 **NO.6**
8 Centre Market Place (zwischen Grand und Broome St)
Nolita ③
+1 212 226 5759
www.no6store.com

Allein wegen der großartigen Clogs muss man hierher kommen, die es in flotten Designs, mit Keil- oder Slingabsatz gibt; außerdem tolle Pumps und Taschen in poppigen Farben. Dieser Shop war die Idee von Karin Bereson, einer cleveren Vintage-Sammlerin/Stilistin, also sind auch die Schuhe hier außergewöhnlich.

252 **KITH**
644 Broadway (zwischen Bleecker und Bond St)
Noho ④
+1 646 648 6285
www.kith.com

Der in Queens geborene Besitzer und Schuhdesigner Ronnie Fieg wurde durch Kooperationen mit großen Marken bekannt und ist aus der Welt der New Yorker Mode nicht mehr wegzudenken. Die Turnschuhe hier sind meist aus limitierten Auflagen und haben Kultstatus.

253 **CHRISTIAN LOUBOUTIN**
59 Horatio St (zwischen Greenwich und Hudson St)
West Village ④
+1 212 255 1910
www.christianlouboutin.com

Jeder kennt die roten Sohlen, aber selbst bei diesem Designer einzukaufen, fühlt sich sehr exklusiv an. Von außen verschmilzt die unauffällige Fassade mit der Nachbarschaft, aber gleich nach dem Betreten überkommt einen der Wow-Faktor. Wer immer nach teuren Schuhen gesucht hat, der ist hier goldrichtig.

254 **FLIGHT CLUB**

812 Broadway
(nahe W 11th St)
Greenwich Village ④
+1 888 937 8020
www.flightclub.com

Mehr ein Laden für Fashionistas als für Jogger. Turnschuh-Fanatiker und -Sammler finden hier Wände voller Sneakers großer Marken – neu, Vintage, heiß begehrt. Kommissionsverkauf dominiert, deshalb ist die Größenauswahl begrenzt und die Jagd noch aufregender. Den Schuhen gegenüber steht eine Wand voll Baseball-Caps, sodass der Kauf verbunden werden kann.

255 **THE SHOE BOX**

123 Fifth Avenue
(zwischen E 19th und 20th St)
Flatiron ⑤
+1 646 490 6759
www.shoptheshoebox.com

Der Jackpot für alle Ladys: die besten Designerschuhe der Saison an einem einzigen Ort. Die neuesten Modelle von McQueen, Sam Edelmann, No. 21 und die gleichnamige Eigenmarke – von bezahlbar bis Wunschliste ist alles dabei: plus pflichtbewusstes Personal, das sich gut um die Kunden kümmert. Zwei Filialen in Manhattan.

254 **FLIGHT CLUB**

5 Läden für ACCESSOIRES von Kopf bis Fuß

256 **JJ HAT CENTER**
310 Fifth Avenue
(zwischen W 31st und 32nd St)
Midtown ⑥
+1 212 239 4368
www.jjhatcenter.com

Warum nicht mal das Leben mit etwas Klassischem, Mondänem aufpeppen? Dieser Hutladen ist der älteste in New York, und sowohl der Laden als auch seine Stammkunden sind der Inbegriff von Klasse. Der Service ist tadellos, alle Verkäufer hier sind sehr professionell und kümmern sich sorgfältigst um die Kunden und ihre Hüte, manchmal lebenslang. Hier wird noch mit Dampf gereinigt und von Hand modelliert.

257 **FABULOUS FANNY'S**
335 East 9th St
(zwischen 1st und 2nd Ave)
East Village ④
+1 212 533 0637
www.fabulousfannys.com

Wenn man schon eine Brille tragen muss, dann bitte mit Distinktion. Ob der Kunde nun einen klassischen Stil oder etwas Knallbuntes vorzieht, Fabulous Fanny's wirkt wie eine Raumkapsel voller Stilformen aus unterschiedlichen Epochen. Selbst die Filmbranche verlässt sich auf diese Kollektion, weil es hier Rahmen gibt, die noch aus der Zeit um 1700 stammen. Vom Aussterben bedroht, man sollte dem Laden also unbedingt einen Besuch abstatten.

258 LA PETITE COQUETTE

51 University Place
(zwischen E 9th und 10th St)
Greenwich Village ④
+1 212 473 2478
www.thelittleflirt.com

Die Unterwäsche braucht auch ein wenig Liebe. Das Le Petite Coquette verkauft sexy und sinnliche BHs, Höschen, Slips, Seidenstrümpfe und sogar Pyjamas. Der bezaubernde Laden gleicht dem Boudoir eines Pin-up-Girls. Man sollte den tollen Service und die Luxuswaren für erwachsene Frauen genießen. Eine solche Investition hat noch niemand bereut.

259 BITE BEAUTY LIP LAB

174 Prince St
(zwischen Sullivan und Thompson St)
Soho ②
+1 646 484 6111
www.bitebeauty.com

Die klugen Schöpfer des Bite haben ein Studio für all diejenigen entworfen, die guten Lippenstift schätzen. Schönheits-Fanatikerinnen und alle, die sich mit der Wahl des passenden Lippenstifts schwertun, sind hier auf dem richtigen Weg ins Glück. Der Laden ist freundlich und kreativ, die Auslagen sind den einer Bäckerei nachempfunden. So witzig! Hier findet jede Frau ihr perfektes Rot.

260 FINE & DANDY

445 West 49th St
(zwischen 9th und 10th Ave)
Hell's Kitchen ⑥
+1 212 247 4847
www.fineanddandyshop.com

Der ideale Ort, um seinen Kleiderschrank mit einem edlen Hemd, einem Einstecktuch, Halstuch, Manschettenknöpfen oder einem Paar Hosenträger aufzupeppen! Und das alles aus der feinen Kollektion einer gepflegten Herrenboutique. Dieser kuriose Laden stammt aus einer Ära, in der die Männer noch gut angezogen durch die Stadt liefen. Er ist sehr kosmopolit, und Mann wird ihn piekfein ausgerüstet verlassen. Klasse!

5

CONCEPT STORES

für den Lifestyle

261 **THE APARTMENT BY THE LINE**
76 Greene St (zwischen Broome und Spring St)
Soho ②
+1 917 460 7196
www.theline.com

Dieser Laden gleicht dem Zuhause eines Weltenbummlers mit exzellentem Geschmack – nur, dass alles zum Verkauf steht, sogar die Garderobe im begehbaren Kleiderschrank sowie alle anderen, perfekt ausgelegten Artikel. Im 3. Stock steht eine Steppcouch mit eingenähten Diamanten, und die Küche ziert ein Kronleuchter aus mundgeblasenem Glas.

262 **STORY**
144 Tenth Avenue (nahe W 19th St)
Chelsea ⑤
+1 212 242 4853
www.thisisstory.com

Alle paar Monate erfindet sich Story mit wechselnden Themen neu. Ein Motto im Jahr 2016 war das »The F-Word«, und Designer interpretierten die Schlagwörter Feministen, Fairtrade und Fatherhood in ihren Artikeln. Frühere Themen waren: Have Fun (Emojis, Tischtennis), Remember When (Nostalgie der 1990er-Jahre). 2018 standen »Out Of Office«, »Work/Space« und auch einfach nur »Love« im Mittelpunkt, alles stets verbunden mit originellen, witzigen Ideen.

263 KINFOLK 90

90 Wythe Avenue
(nahe N 11th St)
Williamsburg ⑨
+1 347 799 2946
www.kinfolklife.com

Ein Trio von Freunden aus Japan, Los Angeles und NYC schuf dieses Konzept, das neben einem Ladengeschäft auch ein Veranstaltungsort ist, mit einer versteckten Bar unter einer umwerfend tollen geodätischen Kuppel aus recyceltem Holz. Cool sind auch die Freizeitkleidung für Männer, mit gut gemachten, lässigen Accessoires, sowie die Vintage-Science-Fiction-Bücher.

264 WHISPER EDITIONS

8 Fulton St (zwischen
South und Front St)
Financial District ①
www.whispereditions.com

Das Team von Whisper Editions umgibt sich mit ausgesuchten Fotografen, Schmuckdesignern, Künstlern und anderen Kreativen, um mit ihnen zusammen limitierte Sonderauflagen zu kreieren. Gegründet wurde der Laden mit seinem ganz eigenen, natürlichen Stil von einer Fotoredakteurin der Vanity Fair, ihr anspruchsvolles Auge ist deutlich sichtbar.

265 CANAL STREET MARKET

265 Canal St
(zwischen Broadway
und Lafayette St)
Soho ②
+1 646 694 1655
www.canalstreet.market

In diesem Gebäude am Rand von Chinatown standen einst Kutschen, heute beheimatet es ein Geschäft und eine Food-Hall. 24 Stände, an denen einheimische Künstler und coole Marken ihre Waren verkaufen, stehen locker verstreut auf 4000 Quadratmetern. Unter anderem findet man flippige Wolldecken von La Douzaine, Tragetaschen von Yul und Accessoires fürs Heim von American Design Club.

273 **FLATIRON BUILDING**

25 GEBÄUDE ZUM BEWUNDERN

5 Gebäude mit GESCHICHTE

266 **FEDERAL HALL**
26 Wall St
(Broad St)
Financial District ①
+1 212 825 6990
www.nps.gov/feha

Nahe der Börse liegt die Federal Hall, dort, wo Amerikas erstes Kapitol stand. Ihre Säulen ragen mächtig über die Wall Street, eine Statue von George Washington thront davor. Innen dominiert die neoklassische Architektur, der Eintritt zur historischen Ausstellung ist frei.

267 **FRAUNCES TAVERN**
54 Pearl St
(nahe Broad St)
Financial District ①
+1 212 425 1778
www.fraunces tavern museum.org

Das Wahrzeichen von 1719 diente George Washington während der Amerikanischen Revolution als Schaltzentrale. Gebaut wurde es von Henry Holt, einem Tanzlehrer und Jongleur. Am besten eine geführte Tour durch die Kolonialzeit buchen oder ein wenig Geschichte in der heute noch aktiven Bar zu sich nehmen.

268 **LIBRARY OF BRONX COMMUNITY COLLEGE**
2155 University Avenue
The Bronx
+1 718 289 5100
www.bcc.cuny.edu

Ein wunderschönes historistisches Gebäude, entworfen von Stanford White; atemberaubend ist die Kuppel aus Marmor, Mosaik und Tiffany-Glas der Gould Memorial Library. Auf der Rückseite befindet sich The Hall of Fame mit Büsten berühmter Amerikaner, die einen schönen Blick auf den Harlem River freigibt.

269 TRINITY CHURCH

75 Broadway
(nahe Wall St)
Financial District ①
+1 212 602 0800
www.trinitywallstreet.org

Ein amüsanter Gedanke - die Trinity Church war einst das höchste Gebäude in NYC. Die neogotische Architektur stammt von 1846, der anschließende Friedhof ist noch viel älter und beherbergt u.a. das Grab von Alexander Hamilton, Amerikas erstem Finanzminister. In der St. Pauls's Chapel finden regelmäßig Konzerte statt.

270 GRAND CENTRAL STATION

89 East 42nd St
(nahe Park Ave)
Midtown ⑥
+1 212 340 2583
www.grandcentral terminal.com

Im Jahr 1913 eröffnet, bis heute der wichtigste Fernbahnhof in NYC und Zeitzeuge einer Ära, in der man noch elegant reiste. Die Uhr hängt genau in der Mitte unter der Sky Ceiling, einem opulenten Wandgemälde zum Thema Astronomie. Unten, gegenüber der Oyster Bar, steht die Flüsterwand - man sagt, dass sie das Flüstern von zwei Menschen von einem Torbogen zum anderen leitet.

267 FRAUNCES TAVERN

5 beeindruckende ALTE WOLKENKRATZER

271 **CHRYSLER BUILDING**
405 Lexington Avenue
(nahe E 42nd St)
Midtown ⑥
www.nycgo.com/attractions/chrysler-building

Aufgrund seiner eleganten und grandiosen Art-déco-Details sowohl außen als auch innen New Yorks meistbestaunter Wolkenkratzer. Berühmt sind seine stilisierten Adler an den Seiten seiner gebogenen Krone, die nachts sogar noch schöner wirken. Die Wasserspeier gleichen jenen der mittelalterlichen Notre Dame in Paris. Bewundernswert auch die Lobby aus Marmor und die Deckenbemalung im Eingangsbereich.

272 **WOOLWORTH BUILDING**
233 Broadway (zwischen Barclay St und Park Pl)
Financial District ①
+1 203 966 9663
www.woolworthtours.com

Unser persönlicher Lieblings-Wolkenkratzer, weil die kunstvoll verzierte Fassade den gotischen Kathedralen Europas ähnelt. Das Gebäude wurde von F. W. Woolworth, dem Eigentümer der berühmten Warenhauskette, in Auftrag gegeben und vom Architekten Cass Gilbert im Jahr 1913 entworfen. Für eine Innenbesichtigung muss eine Tour gebucht werden, oder man besucht einfach das Restaurant The Wolly Public.

273 **FLATIRON BUILDING**
175 Fifth Avenue
(nahe E 23rd St)
Flatiron ⑤

Der Name Flatiron basiert auf seiner Form, die an ein Bügeleisen erinnert; das keilförmige Stahlgebäude wurde 1902 fertiggestellt. Die Anwohner waren damals skeptisch, ob das Gebäude überhaupt stehen bleiben würde, weil es am schmalsten Punkt nur 1,95 m breit ist. Gleich neben dem Madison Square Park.

274 **ROCKEFELLER CENTER**
45 Rockefeller Plaza
Midtown ⑥
+1 212 332 6868
www.rockefeller center.com

Ein Gebilde aus 19 Häusern im Art-déco-Stil, deren Hauptgebäude, das 30 Rock, die Studios von NBC beherbergt. Man muss sich das am Morgen mal ansehen, wie die Fans der »Today Show« sich vor dem Gebäude drängeln, um Zugang zur Show zu bekommen. Einen guten Ausblick gibt es vom Observation Deck oder der Bar im Rainbow Room. Im Winter findet man hier den alljährlichen Weihnachtsbaum und die Eislaufbahn.

275 **WILLIAMSBURG SAVINGS BANK TOWER**
1 Hanson Place
(nahe Flatbush Ave)
Downtown Brooklyn ⑩

Brooklyns höchster Bau wird auch oft als das »phallischste Gebäude« der City bezeichnet. Der viereckige Uhrturm war mal eine Bank, heute gibt es hier Luxusapartments. Der Banktresor im Erdgeschoss ist immer noch erhalten und eignet sich für Veranstaltungen, im Winter z. B. für die Brooklyn Flea, einen Markt für Vintage-Kleidung, Sammlerobjekte und Kunsthandwerk einheimischer Künstler.

5 *sehenswerte*

MODERNE GEBÄUDE

276 **COURTYARD ENTRANCE OF THE BLOOMBERG TOWER**
731 Lexington Avenue
(zwischen E 58th und 59th St)
Midtown East ⑥

Die Heimat der Firma von New Yorks ehemaligen Bürgermeister, Michael Bloomberg. Von der Eingangshalle schraubt sich der Innenhof ellipsenförmig sieben Stockwerke hoch, die Wirkung ist abends noch dramatischer. Unten, im Restaurant Le Cirque, essen die Promis, die in den Millionen-Dollar-Apartments der 55 Stockwerke darüber leben.

277 **NEW YORK BY GEHRY**
8 Spruce St
(zwischen Nassau und William St)
Financial District ①
+1 212 877 2220
www.newyorkbygehry.com

Der Turm des berühmten Frank Gehry ist ein Blickfang. Mit 76 Stockwerken zählt er zu den höchsten Wohngebäuden der Welt. Er ist mit Edelstahl überzogen und spiegelt so das Licht. Seine Wellenform ermöglicht Fenster mit ungewöhnlich unterschiedlichen Ausblicken.

278 **VIA 57**
625 West 57th St
(zwischen 11th Ave und West Side Hwy)
Hell's Kitchen ⑥
+1 646 630 7917
www.via57west.com

Diese dramatische Pyramide direkt am Hudson River besitzt einen wunderbar bewachsenen Innenhof – ein völlig neues Wohnkonzept für New York City. Architekt Bjarke Ingels verarbeitete hier viele ökologische Apekte. Am besten sieht man alles während einer Bootstour.

279 **NEW YORK TIMES BUILDING**

620 Eighth Avenue
(zwischen W 40th und 41st St)
Midtown ⑥
+1 718 923 8640
www.newyorktimes building.com

Gegenüber des Port-Authority-Busbahnhofs liegt eine neues klassisches Gebäude der Moderne mit den Büros der »New York Times«. Es wurde von Renzo Piano entworfen, der Schriftzug der Zeitung spannt sich auf über 30 Meter an der Fassade auf der 8th Avenue. Ökologische Aspekte des Baus sind u.a. die Keramikrohre gegen die Sonne, die sich wie eine Haut über das Gebäude ziehen.

280 **ONE57**

157 West 57th St
Midtown ⑥
+1 212 570 1700
www.one57.co

Dieser Glasturm mit 306 Meter Höhe ist ein hervorragendes Beispiel für die Bauwut entlang der 57th Street, die zu einer Straße von Luxusbauten wurde. Er bietet großartige Ausblicke über den Central Park, entfachte aber auch eine Diskussion darüber, dass dem südlichen Teil des Parks das Sonnenlicht geraubt wird.

280 ONE57

5 Orte mit
TRAUMHAFEN AUSSICHTEN

281 **EMPIRE STATE BUILDING**
338-350 Fifth Avenue
(zwischen 33rd und
34th St)
Midtown ⑥
www.esbnyc.com

Auf dem wohl ikonischsten Wolkenkratzer New Yorks genießt man den Blick der Blicke. Auf dem 86. Stockwerk (dem Hauptdeck) und dem 102. Stockwerk liegen Observatorien. Mit einem Express Pass muss man sich nicht anstellen, sie werden von Verkäufern in gelben oder grünen Jacken oder online vertrieben.

282 **ONE WORLD TRADE CENTER**
285 Fulton St
(nahe West St)
Financial District ①
+1 844 696 1776
www.oneworld observatory.com

Der 104. Stock des höchsten Wolkenkratzers der westlichen Welt bietet das beste Panorama – vorausgesetzt, es ist nicht wolkig. Auf dem Weg nach oben wird in den Aufzügen gezeigt, wie sich NYC geändert hat: von Feldern in ein Dorf und schließlich in die Metropole von heute. Tickets online kaufen spart Zeit!

283 **BELVEDERE CASTLE**
IM: CENTRAL PARK
Mid-Park at 79th St
Midtown ⑥
+1 212 772 0288
www.centralparknyc.org

Ländlichere Ausblicke hat man in der Mitte des Central Parks. Das Schloss wurde von einem der Park-Architekten entworfen und hat zwei Balkone, die einen freien Blick über das Reservoir und die Grünflächen erlauben. Ferngläser verleiht das Observatorium im Schloss.

284 **WYTHE HOTEL**
80 Wythe Avenue
(nahe N 11th St)
Williamsburg ⑨
+1 718 460 8000
www.wythehotel.com

Um die Bar The Ides im 6. Stock des Hotels zieht sich eine Terrasse, die Ausblicke in alle Himmelsrichtungen gewährt. Die Plattform ist nicht sehr hoch, umso beruhigender wirkt die Aussicht auf die Menschen. Der Sonnenuntergang ist legendär, daher früh genug kommen!

285 **THE VIEW**
IM: NEW YORK MARRIOTT MARQUIS HOTEL
1535 Broadway
(nahe W 45th St)
Midtown ⑥
+1 212 704 8900
www.theviewnyc.com

Mal ehrlich, früher oder später landet jeder während eines Aufenthalts in New York am Times Square, also kann man genauso gut gleich einen Besuch des einzig drehbaren Restaurants mit Bar-Lounge planen. Man nimmt einen Aufzug bis zum 47. und 48. Stock, die 360-Grad-Rotation dauert genau eine Stunde – also langsam essen.

282 ONE WORLD TRADE CENTER

5 *wunderbare*

ORTE ZUM BETEN

286 **ELDRIDGE STREET SYNAGOGUE**

12 Eldridge St
(zwischen Canal und Division St)
Lower East Side ③
+1 212 219 0302
www.eldridgestreet.org

Osteuropäische Einwanderer bauten diese Synagoge im Jahr 1887, als eine der ersten in den USA. Jüdische Numerologie kann hier bestaunt werden: Zwölf Rondelle stehen für die zwölf Stämme Israels, fünf Bögen repräsentieren die Bücher Mose und vier Holztüren die vier Matriarchinnen. Wichtige jüdische Familien gingen in diesem wunderschönen Ort mit seinen 70 Meter hohen Räumen und schönen Buntglas-Verzierungen aus und ein. Heute ist er ein Museum.

287 **RIVERSIDE CHURCH**

490 Riverside Drive
(nahe W 120th St)
Harlem ⑧
+1 212 870 6700
www.trcnyc.org

Diese Kirche ist bekannt für ihre neogotische Architektur, berühmt wurde sie durch ihre Bedeutung im Kampf für soziale Gerechtigkeit. Martin Luther King Jr. hielt hier seine Rede gegen den Vietnamkrieg. César Chávez und Nelson Mandela, wie auch der theologische Superstar Reinhold Niebuhr, besuchten sie. Im Glockenturm erklingt das größte Glockenspiel der Welt.

288 **ST MARK'S CHURCH-IN-THE-BOWERY**

131 East 10th St
(nahe 2nd Ave)
East Village ④
+1 212 674 6377
www.stmarksbowery.org

Der älteste Ort des Gebets in Manhattan hat auch heute noch eine große Bedeutung für den Respekt vor Diversität und Bürgerrechten. Andy Warhol drehte hier seine frühen Filme. Das Poetry Project, in dessen Rahmen viele berühmte Autoren wie Allen Ginsberg und Patti Smith Lesungen hielten, gibt es auch heute noch. Regelmäßige Veranstaltungen inkludieren Achtsamkeitsmeditationen und Diskussionen.

289 **CATHEDRAL CHURCH OF ST JOHN THE DIVINE**

1047 Amsterdam Avenue
(nahe W 112th St)
Morningside Heights ⑧
+1 212 316 7540
www.stjohndivine.org

Die weltgrößte Kathedrale, von Freimaurern erbaut, ist ein Mekka der versteckten Symbole, die in Säulen und Skulpturen eingemeißelt wurden, darunter auch Hinweise des Namensgebers auf seine Vision vom Ende der Welt. Zu den alljährlichen Ritualen gehören die Segnung von Tieren, die Prozession der Monster (zu Halloween), die Segnung der Fahrräder und die Sonnwendfeier im Winter.

290 **CHURCH OF THE TRANSFIGURATION**

»DIE KLEINE KIRCHE UM DIE ECKE«

1 East 29th St (zwischen 5th und Madison Ave)
Midtown ⑥
+1 212 684 6770
www.littlechurch.org

Vor dieser Kirche im Stil der frühen englischen Neugotik, die 1848 gegründet wurde, um alle Rassen, Klassen und sexuellen Orientierungen zu ehren, befindet sich ein reizender Garten im englischen Stil. Sie ist auch als Hochzeitskirche bekannt und besitzt schöne Glasfenster und Seitenkapellen. In der Hauptkirche finden Konzerte bei freiem Eintritt statt.

325 **BLICK VOM BROOKLYN BRIDGE PARK**

75 ORTE, UM NEW YORK ZU ENTDECKEN

5 *Monumente für* GROSSE MÄNNER *und* FRAUEN

291 **WASHINGTON SQUARE ARCH**
Washington Square Park
(Ende 5th Ave)
Greenwich Village ④

Neben dem Brunnen am Washington Square steht ein Bogen mit der Statue von George Washington. Er wurde von Stanford White erbaut, der sich von der römischen Architektur und dem Arc de Triomphe in Paris inspirieren ließ.

292 **MARQUIS DE LAFAYETTE**
Park Avenue South
(nahe E 16th St und östl. Ende Union Square)
Union Square ⑤

Der französische Adelige kam im Revolutionskrieg den Kolonien im Kampf gegen die Briten zu Hilfe. Die Statue wurde von Frédéric-Auguste Bartholdi entworfen (der auch die Freiheitsstatue schuf), aus Dankbarkeit der französischen Regierung für Unterstützung in den Deutsch-Französischen Kriegen.

293 **ABRAHAM LINCOLN**
Union Square Park
(Nordende des Parks, nahe E 16th St)
Union Square ⑤

Diese riesige Bronzestatue des aufrichtigen Abe von 1870 ist nach Süden gerichtet und blickt über den grünen Union Square und den reitenden George Washington am Südende des Platzes; beide wurden vom Bildhauer Henry Kirke Brown geschaffen. Die Enthüllung sorgte für Umstimmigkeiten, weil Lincoln eine Toga über seinem Anzug trägt.

294 **FIORELLO LA GUARDIA**
LaGuardia Place
(nahe Bleecker St)
Greenwich Village ④
www.nycgovparks.org

Eine fröhliche Statue des 99. Bürgermeisters, der zwischen 1934 und 1945 drei Amtszeiten hindurch regierte. Der Anhänger von Roosevelts New-Deal-Politik verstand es u. a., New Yorks Wirtschaftslage zu verbessern. Er wurde in der Bronx geboren und war nur 1,57 m groß, daher sein Spitzname »Little Flower« (*fiore* heißt Blume auf Italienisch).

295 **HARRIET TUBMAN**
Memorial Plaza
West 122nd St,
St Nicholas Ave und
Frederick Douglass Blvd
Harlem ⑧
www.nycgovparks.org

Die berühmte Kämpferin gegen Sklaverei entfloh selbst der Zwangsarbeit und half danach vielen anderen Sklaven aus dem Süden über die Organisation Underground Railroad zur Flucht. Ihr bronzenes Kleid zeigt Gesichter von Sklaven, Schuhe, Fesseln u. a. Die Fliesen auf dem Sockel sind mit volkstümlichen Mustern von gestickten Decken verziert.

291 WASHINGTON SQUARE ARCH

Die 5 beeindruckendsten
GEDENKSTÄTTEN

296 **NATIONAL SEPTEMBER 11 MEMORIAL & MUSEUM**
AKA THE 9/11 MEMORIAL
180 Greenwich St (zwischen Cortlandt und Fulton St)
Financial District ①
+1 212 266 5211

Zwei identische Becken, in die friedlich und unablässig Wasser fließt, liegen unterhalb der Wände mit den Namen der fast 3000 Opfer vom schicksalhaften Tag 2001. Die Becken nehmen genau die Fläche der einstigen Twin Towers ein. Teil dieser parkähnlichen Gedenkstätte ist ein Museum mit Erinnerungen an 9/11.

297 **IRISH HUNGER MEMORIAL**
North End Ave und Vesey St
Battery Park City ①
+1 212 267 9799
www.bpcparks.org

Ein Grashügel über dem Hudson repräsentiert Irland, das so viele während der großen irischen Hungersnot (1845–1852) verlassen mussten und sie zwang, eine Zukunft in New York aufzubauen. Auf dem Hügel liegt je ein Stein aus jeder der 32 irischen Provinzen. Tipp: einen Kaffee in der kleinen Eckbar besorgen.

298 **GRANT'S TOMB**
Riverside Drive (nahe W 122nd St)
Harlem ⑧
+1 212 666 1640
www.nps.gov

Das größte Mausoleum Nordamerikas ist das von General Ulysses S. Grant von der Union Army, der die Konföderationstruppen im Bürgerkrieg besiegte und danach der 18. Präsident wurde. Grant wünschte sich genau diesen Ort, damit eine Frau neben ihm begraben werden konnte.

299 **AFRICAN BURIAL GROUND MEMORIAL**

IM: TED WEISS FED. BUILDING

290 Broadway (zwischen Duane und Reade St)
Financial District ①
+1 212 637 2019
www.nps.gov/afbg

Dieser erst kürzlich entdeckte Friedhof enthält die sterblichen Überreste von 15 000 freien und versklavten Afrikanern, die von Ende des 17. Jh. bis 1794 in Manhattan lebten. Die Gedenkstätte von Rodney Leon liegt neben einer Ausstellung, die thematisiert, welchen Anteil Afrikaner am Aufbau New Yorks hatten.

300 **MUSEUM OF JEWISH HERITAGE**

A LIVING MEMORIAL TO THE HOLOCAUST

36 Battery Place (im Battery Park nahe 1st Pl)
Battery Park City ①
+1 646 437 4202
www.mjhnyc.org

Am Ufer des Hudson River steht ein sehr symbolhaftes Gebäude mit sechs Seitenwänden und einem pyramidenartigen Dach, das auf die sechs Ecken des Judensterns und die sechs Millionen Juden, die im Holocaust ermordet wurden, anspielt. Im Inneren zeigt eine permanente Ausstellung die persönlichen Geschichten und Andenken von Überlebenden. Weitere Veranstaltungen kann man dem Kalender entnehmen.

296 9/11 MEMORIAL

5

HISTORISCHE HÄUSER,

die die Fantasie anregen

301 **MORRIS-JUMEL MANSION**
IM: ROGER MORRIS PARK
65 Jumel Terrace
(zwischen W 160th und 162nd St)
Washington Heights ⑧
+1 212 923 8008
www.morrisjumel.org

Manhattans ältestes Haus hatte schon viele illustre Mieter. Der im Jahr 1765 erbaute Landsitz war die Schaltzentrale George Washingtons, das Zuhause des amerikanischen Vizepräsidenten Aaron Burr sowie von Eliza Bowen Jumel, der unkonventionellen, unehelichen Tocher einer Prostituierten aus Rhode Island, die Burrs Ehefrau wurde. Man kann sich das Haus und die laufenden Ausstellungen ansehen.

302 **HENRY CLAY FRICK HOUSE**
1 East 70th St
(nahe 5th Ave)
Upper East Side ⑦
+1 212 288 0700
www.frick.org

Diese Villa für die Schönen Künste wurde um 1910 für den Industriellen Henry Clay Frick zum unfassbaren Preis von fünf Millionen Dollar gebaut. Frick hatte sein Vermögen mit Stahl verdient und wurde ein prominenter Sammler von alten Meistern wie Rembrandt, El Greco und Vermeer. Nach seinem Willen wurde das Haus nach seinem Tod ein öffentliches Museum.

302 HENRY CLAY FRICK HOUSE

303 **THEODORE ROOSEVELT BIRTHPLACE**

28 East 20th St (zwischen Park Ave und Broadway)
Flatiron ⑤
+1 212 260 1616
www.nps.gov/thrb

Der 26. Präsident der Vereinigten Staaten wurde in einem reizenden Stadthaus geboren. Das Museum ist eine Replika von 1919 dieses Hauses und zeigt viele interessante Objekte, z. B. die Rough-Rider-Uniform, seinen Lieblingsstuhl und ein Brillenetui mit einem Durchschuss, der von einem Mordanschlag stammt.

304 **DYCKMAN FARMHOUSE MUSEUM**

4881 Broadway (nahe W 204th St)
Inwood ⑧
+1 212 304 9422
www.dyckmanfarmhouse.org

Das älteste Bauernhaus auf der Insel Manhattan, das die Zeiten überlebt hat, und an die landwirtschaftliche Vergangenheit der City erinnert. Es wurde 1780 im holländisch-kolonialen Stil von William Dyckman gebaut, dessen Familie die Felder noch bis ins späte 19. Jh. bestellte. Im Museum befinden sich Familienandenken und archäologische Funde der Umgebung, z. B. Kanonenkugeln aus der Amerikanischen Revolution.

305 **THE MORGAN LIBRARY & MUSEUM**

225 Madison Avenue (nahe E 36th St)
Midtown ⑥
+1 212 685 0008
www.themorgan.org

Ursprünglich wurde das Haus als Bibliothek für John Pierpont Morgan, Finanzgenie und Banker, gebaut – heute ist es ein Museum, das seine Kunstsammlung und andere Schätze zeigt. Originalzeichnungen von Peter Paul Rubens und der Entwurf von Mozarts Haffner Symphonie sind dort zu bestaunen. Der Architekt Renzo Piano fügte 2006 eine hoch umstrittene, moderne Eingangshalle an die Bibliothek an, es war sein erstes Projekt in New York.

5

LESERÄUME

in öffentlichen Bibliotheken

306 **ROSE MAIN READING ROOM**
IM: NEW YORK PUBLIC LIBRARY
476 Fifth Avenue
(nahe E 42nd St)
Midtown ⑥
+1 917 275 6975
www.nypl.org

Dieser kirchenartige Leseraum ist eine wahre Pracht, vergleichbar mit der Bibliothek Sainte-Geneviève in Paris. Während der letzten Restaurierung, die zwölf Millionen Dollar kostete, wurde auch die beeindruckende Stuckdecke – Darstellungen des Himmels, umgeben von goldfarbenen Rosetten – wiederhergestellt. Der 100 Jahre alte Raum mit der 17,5 m hohen Decke nimmt zwei Häuserblocks ein und besitzt 42 Gemeinschaftstische.

307 **BROOKLYN PUBLIC LIBRARY**
FÜR DIE NEW YORKER: ZENTRALBÜCHEREI
10 Grand Army Plaza
(nahe Flatbush Ave und Eastern Parkway)
Prospect Heights, Brooklyn ⑪
+1 718 230 2100
www.bklynlibrary.org

Am Rand des Prospect Park steht ein majestätisches, geschwungenes Art-déco-Gebäude, das durch seinen 16 Meter hohen Eingang mit zwei massiven Säulen auffällt, in die stilisierte goldfarbene Figuren eingearbeitet sind. 15 weitere goldene Abbildungen im Portal selbst ehren die Ikonen amerikanischer Literatur, darunter Edgar Allen Poes Rabe, Mark Twains Tom Sawyer und der Wal von Herman Melvilles Moby Dick.

307 NEW YORK PUBLIC LIBRARY

308 THE EXPLORERS CLUB

46 East 70th St (zwischen Park und Madison Ave)
Upper East Side ⑦
+1 212 628 8383
www.explorers.org

Um Einlass in diese Bibliothek zu erhalten, muss man einen Termin mit dem Kurator des Privatclubs, Lacey Flint, vereinbaren. Die Pracht jedoch, die man dort vorfindet, ist die Mühe wert; eine Sammlung mit über 500 Landkarten und Thor Heyerdahls Kon-Tiki-Globus sind nur Beispiele. Die Villa von 1910 ist voll ausgestopfter Tieren und anderer Reisesouvenirs aus der ganzen Welt.

309 THE NEW YORK SOCIETY LIBRARY

53 East 79th St (zwischen Madison und Park Ave)
Upper East Side ⑦
+1 212 288 6900
www.nysoclib.org

Dieses fünfstöckige, italienisch anmutende Stadthaus von 1754 beherbergt die älteste Bibliothek der City, voll seltener Bücher. Während New Yorks kurzer Episode als Haupstadt fungierte sie als Bibliothek des Kongresses. Mitglieder finanzieren die Bücherei, aber der Leseraum im ersten Stock und die Ausstellungen sind öffentlich zugänglich.

310 THE GENERAL SOCIETY OF MECHANICS AND TRADESMEN LIBRARY

20 West 44th St (zwischen 5th und 6th Ave)
Midtown ⑥
+1 212 840 1840
www.generalsociety.org

Diese Bücherei besitzt mehr als 100 000 Bücher, darunter auch Werke über das Handwerk – so sind auch Schreiner oder Schmiede Mitglieder in dieser Sozietät geworden. Blickfang des wunderschönen Leseraums ist ein Oberlicht aus Kupfer und Schmiedeeisen. Außerdem gibt es drei Stockwerke mit umlaufenden Balkonen, auf einem von ihnen befindet sich hinter einem ausgeklügelten Sicherheitssystem eine Sammlung aus dem alten, vorchristlichen Ägypten.

5 STADTPARKS
zum Schwelgen

311 **THE HIGH LINE**
von Gansevoort und Washington St bis W 34th St & 12th Ave
Mehrere Eingänge an der 10th Ave
Chelsea ⑤
www.thehighline.org

Eine aufgelassene Hochbahnlinie aus den 1930er-Jahren wurde hier 10 Meter über der Straße in ein 2,33 km langes Wunderland der Landschaftsgärtnerei verwandelt. Diesem Projekt folgte eine Welle neuartiger, moderner Bauten in dieser Gegend – das HL 23, das schiefe Gebäude auf der 23. Straße und das IAC Building, der matte, amorphe Gigant zwischen der 18. und 19. Straße. Den Rundgang sollte man am besten beim Whitney Museum starten.

312 **PROSPECT PARK**
Park Slope, Brooklyn ⑪
www.prospectpark.org

Olmsted und Vaux entwarfen nicht nur den berühmten Central Park, sie setzten ihre Talente auch bei der Erstellung dieses Projekts mit Signalwirkung in Brooklyn ein. Der Park ist die Spielwiese für die Anwohner und weit weniger herausgeputzt als sein »Cousin« in Manhattan, mit ausreichend Platz für Grillpartys und spontane Fußballpartien. Ringsherum führt ein 6,5 km langer Lauf- und Reitweg.

311 THE HIGH LINE

311 WHITNEY MUSEUM NEAR THE HIGH LINE

314 BATTERY PARK

313 **INWOOD HILL PARK**

Dyckman St
(nahe Payson Ave)
Inwood ⑧
www.nycgovparks.org

An der äußersten nordwestlichen Seite von Manhattan erstreckt sich ein fast 80 ha großer Park, der die Bronx, zwei Brücken über den East River und einen ruhigen Teil des Hudson überblickt. Der natürlich gewachsene Wald, Talsohlen und kleine Hügelketten erinnern an das alte – und sogar das prähistorische – New York, als der Indianerstamm der Lenape noch in seinen Höhlen hauste.

314 **BATTERY PARK**

On the Hudson
(zwischen Battery Pl
und South St)
Battery Park City ①
www.nycgovparks.org

Der Battery Park ist ein wundervoll gestalteter Park mit gut 10 ha Fläche mitten in Downtown, direkt am Ufer des Hudson. Von hier aus hat man einen Blick auf die Freiheitsstatue und passiert einige Museen und Denkmäler. Empfehlenswert ist ein Spaziergang zum Pier A bei Sonnenuntergang; die Anlegestelle war einst ein Regierungsgebäude, heute findet man dort viele Restaurants.

315 **GREENWOOD CEMETERY**

500 25th St
(nahe 5th Ave)
Brooklyn ⑪
+1 718 768 7300
www.green-wood.com

Gegründet im Jahr 1838 als einer der ersten ländlichen Friedhöfe in Amerika. Der 194 ha große Friedhof ist voller wundervoller Statuen und Mausoleen und beeindruckt auch durch sein Eingangstor. Der Veranstaltungskalender weist auf Events hin wie z. B. die alljährliche Tour durch die Katakomben. Berühmte Menschen liegen hier begraben: der Künstler Jean-Michel Basquiat, Leonard Bernstein, Frank Morgan – das Genie aus dem »Zauberer von Oz«.

5 *Attraktionen im*
CENTRAL PARK

vom Central Park West zur Fifth Avenue
Central Park N zu W 59th St
Central Park ⑦
+1 212 310 6600
www.centralparknyc.org

316 **CONSERVATORY GARDEN**
Zwischen 5th Ave und E 105th St

Der Teil des Parks wird nicht so häufig besucht. Auf den rund 2,5 ha Land blühen wunderschöne englische, französische und italienische Blumen, dies ist eines der ruhigsten Plätzchen Manhattans. Man betritt den Park durch das schmiedeeiserne Vanderbilt Gate, einst die Pforte zum Vanderbilt-Anwesen, bevor es der Stadt gespendet wurde.

317 **MALL AND LITERARY WALK**
An der Ostseite des Parks, von E 67th bis 69th St

Diese großartige Promenade ist der einzig gerade Weg im Central Park und von schönen Ulmen gesäumt. Am besten geht man am Center Drive los, an der Naumburg Bandshell vorbei bis zur Bethesda Terrace. Die Promenade ist bekannt aus Filmen wie »Kramer gegen Kramer« und »Manhattan Love Story«.

318 LAMP POST GPS

Im Central Park verirrt? Einfach die Laternenmasten als Wegweiser benutzen – an jedem Pfahl ist ein kleines Täfelchen mit einer vierstelligen Nummer angebracht. Die ersten beiden Nummern markieren die Straße, die beiden zweiten, ob man sich auf der Ost- oder Westseite befindet – gerade bedeutet Osten, ungerade Westen.

319 NORTH WOODS

Westseite bis Mitte des Parks, von W 101st bis 110th St

Der größte von den drei Wäldern im oberen Teil des Parks sollte natürlich-wild wirken, mit Bächen und kurvigen Wegen, die direkt in die friedvolle Schlucht in seinem Herzen führen. Wenn man durch Loch's Tunnel an den Wasserfällen entlangläuft, wo die Schildkröten ihr Sonnenbad nehmen, fühlt man sich sehr, sehr weit weg von Manhattan.

320 STRAWBERRY FIELDS

Westseite des Parks, zwischen W 71st und 74th St

Ein obligatorischer Stopp für all diejenigen, die sich dem Liedermacher aus Liverpool verbunden fühlen, dessen Leben vor seinem Haus, dem Dakota Building gleich um die Ecke, ausgelöscht wurde. Der Ort ist sehr touristisch, aber die Stimmung am Garden of Peace und rund um das »Imagine«-Mosaik, das Yoko Ono gestiftet hat, ist immer noch tieftraurig, friedvoll und respekteinflößend.

5 tolle
SPAZIERGÄNGE
durch die Nachbarschaft

321 **TRIBECA**
③

Eintauchen ins älteste Viertel New Yorks, mit seinen frühen Beispielen dekorativer Häuser aus Eisenguss: Cast Iron House in der Franklin Street Nr. 67; Obsidian House in der Reade Street 93; außerdem der Bau in der Duan Street 131. Das charmante Hook & Ladder 8 Feuerwehrhaus aus dem Film »Ghostbusters« an der 14 N Moore Street, und die Reihenhäuschen auf der Harrison und Washington Street.

322 **UPPER EAST SIDE**
⑦

Nach einem Museumsbesuch auf der Museumsmeile sollte man die Lexington Ave zwischen der 83. Straße bis zur 69. Straße hinunterlaufen, um gemütlich bei den reizenden und unabhängig betriebenen Cafés, Boutiquen und alten Speiserestaurants herumzubummeln – beginnen könnte man damit am Lexington Candy Shop, 1226 Lexington, an der Ecke zur 83. Straße.

323 **UPPER WEST SIDE**

⑦

Die UWS ist bekannt für ihre baumbestandenen Straßen mit den charakteristischen Stadthäusern - besonders attraktiv von der 69. bis zur 76. Straße, vom Westen des Central Parks bis Columbus. Das schlossartige Ansonia Hotel nimmt den gesamten Block auf dem Broadway zwischen 73. und 74. Straße ein. In der Nähe des Naturhistorischen Museums, der NY Historical Society und dem The Dakota.

324 **WEST VILLAGE**

④

Die Bedford Street von der Christopher bis zur Houston ist der schnellste Weg, um vom West Village nach Soho zu gelangen. Auf dem Weg liegen: das schmalste Haus, 75 ½ Bedford Street; das älteste Haus, 77 Bedford Street (manche meinen, das Haus Ecke Grove-/Bedford Street sei das älteste); 102 Bedford Street wurde von einem Architekten auf sehr eigenartige Weise renoviert.

325 **BROOKLYN BRIDGE PARK/DUMBO**

Karussell am Ende der Old Dock St

⑩

www.janescarousel.com

In den Straßen dieses Viertels kann man New Yorks Vergangenheit spüren, aber auch seine Zukunft - dank der kreativen Unternehmen, die sich hier niedergelassen haben. Pflichtübung: ein Foto an der Ecke Water/Washington, mit der Brooklyn Bridge im Hintergrund; und eine Runde auf dem wunderschön restaurierten Karussell von 1922, das sich unter einem von Jean Nouvel entworfenen Glaspavillon dreht.

325 **BROOKLYN BRIDGE PARK**

5 historische Orte in
BROOKLYN HEIGHTS

326 **WOODEN HOUSES**
entlang der Middagh St
Brooklyn Heights ⑩

Holzhäuser wurden in Brooklyn Heights zwar schon im Jahr 1852 verboten, aber ein paar von ihnen stehen noch immer an der malerischen Middagh Street, nämlich die Nummern 31 und 24, an der Ecke zur Willow Street. Truman Capote lebte übrigens in der Willow Street Nr. 70 und prägte den Satz: »Ich lebe in Brooklyn. Freiwillig.«

327 **BROOKLYN HISTORICAL SOCIETY**
128 Pierrepont St
(nahe Clinton St)
Brooklyn Heights ⑩
+1 718 222 4111
www.brooklynhistory.org

Aufgabe dieses Museums ist der Erhalt der 400-jährigen Geschichte Brooklyns. Es ist in einem hübschen, neoromanischen Haus aus roten Ziegeln aus dem Jahr 1878 untergebracht, mit Rundbogenfenstern und Verzierungen aus Terracotta, geschmückt mit Büsten einiger Berühmtheiten – Benjamin Franklin, Shakespeare, Beethoven und Michelangelo. Im Inneren befindet sich eine Bibliothek mit eleganten, beschnitzten hölzernen Bücherregalen. Im malerischen Mezzanin finden oft private Feiern statt.

328 CHASE BANK BUILDING

177 Montague St
(nahe Clinton St)
Brooklyn Heights ⑩

Dieses Gebäude im Stil der italienischen Renaissance wurde zwischen 1914 und 1916 als Bank erbaut – und fungiert erstaunlicherweise auch heute noch als Bank. Die Eingangshalle im Ergeschoss beeindruckt mit Kronleuchtern, die von den mächtigen Holzkassettendecken hängen, und der Reihe an Serviceschaltern hinter dickem Glas. Die einzigen Zeichen der Moderne sind die Bankomaten, die hier total fehl am Platz wirken.

329 SUPREME COURT BUILDING APPELLATE DIVISION

45 Monroe Place
(nahe Pierrepont St)
Brooklyn Heights ⑩
+1 718 875 1300

Das stattliche, neoklassische Gerichtsgebäude wurde zwischen 1936 und 1938 in dem Stil erbaut, der in der Ära der Depression seine Hochzeit hatte. Es steht vor einer Wohngegend mit Villen. Im Inneren gilt die Aufmerksamkeit dem zweistöckigen Gerichtssaal mit goldfarbenen Kassettendecken.

330 BROOKLYN HEIGHTS PROMENADE

Zwischen Remsen und Middagh St
Brooklyn Heights ⑩
www.nyharborparks.org

Die 600 Meter lange Promenade wird auch Esplanade genannt und läuft entlang des westlichen Endes von Brooklyn Heights. Berühmt ist sie für den tollen Blick über den East River auf Lower Manhattan. In der Nähe der Cranberry Street windet sich die Squibb Park Bridge zum Brooklyn-Queens Expressway und stößt hier auf die Anlegestelle 1 im Brooklyn Bridge Park.

5

SPORTARTEN,

die man live erleben sollte

331 **BASEBALL: THE YANKEES**
YANKEE STADIUM
1 East 161st St (zwischen River und Jerome Ave)
The Bronx
+1 718 293 4300
www.newyork.yankees.mlb.com

Die Yankees in ihren gestreiften Trikots setzen immer noch den goldenen Standard des Baseball in NY, die Spieler verdienen exorbitante Summen und haben viele Meisterschaften gewonnen. Man kann sie in ihrem neuen Stadion spielen sehen, das 2,3 Milliarden Dollar gekostet hat und somit das teuerste ist, das jemals erbaut wurde. Das Essen dort wird von den besten Restaurants der Stadt geliefert, wie Parm, Lobel's of New York und Brother Jimmy's BBQ.

332 **US OPEN**
USTA BILLIE JEAN KING NATIONAL TENNIS CENTER
ARTHUR ASHE STADIUM
Flushing Meadows Corona Park
124-02 Roosevelt Avenue (zw. 60th und 61st St)
Queens
+1 718 760 6363
www.usopen.org

Eines von New Yorks edelsten Sportereignissen, wo professionelles Tennis auf Sehen-und-gesehen-Werden trifft. Reichlich Prominenz und VIPs ziehen jedes Jahr Ende August nach Queens, um die Besten der Tenniswelt kämpfen zu sehen. Die Spiele finden zwölf Tage hindurch statt, bevor es zum aufregenden Finale kommt. Tickets werden ab Mitte Juni verkauft.

333 **BASEBALL: THE METS**
CITI FIELD
120-01 Roosevelt Avenue
(nahe Main St)
Queens
+1 718 507 8499
www.newyork.mets.mlb.com

Das Baseballteam Nr. 2 in New York kann sich wohl der fanatischsten Fans rühmen. In letzter Zeit hat das Team sehr gut gespielt – besser als die Yankees. Hier werden Shake Shack Burger und Chicken-Sandwiches vom gefeierten David Chang geschlemmt. Einmal im Jahr, während der Subway Series, spielen die Yankees gegen die Mets, begleitet von einem gigantischen, für New York typischen Tamtam.

334 **NY GIANTS**
METLIFE STADIUM
1 MetLife Stadium Dr
East Rutherford, NJ
+1 201 935 8222
www.giants.com

Die Giants sind nur eines der New Yorker American Footballteams, ihr Stadion liegt in New Jersey. Es macht riesigen Spaß, sich der Schlange zum Stadion anzuschließen, wo sich Fans auf dem Parkplatz zu Grillpartys mit Unmengen von Essen treffen. Die meisten haben Saisonkarten, aber auf der Webseite gibt es auch Einzeltickets, die von den Stammgästen dort verkauft werden.

335 **NYC MARATHON**
www.tcsnycmarathon.org

Alljährlich, am ersten Sonntag im November, werden große Teile New Yorks für den Marathon abgesperrt, einem der prestigeträchtigsten weltweit, mit über 50 000 Läufern; die Strecke führt durch alle fünf Stadtbezirke. Entlang der gesamten Strecke von 42 km reihen sich jubelnde Fans mit Schildern, die »Eye of the Tiger« spielen und die Läufer mit High fives abklatschen.

5 mal SIGHTSEEING *mit öffentlichen Verkehrsmitteln*

336 **STATEN ISLAND FERRY**
Whitehall Terminal
Financial District ①
www.siferry.com

Statt eine Touristentour zur Freiheitsstatue zu buchen, kann man die Staten-Island-Fähre nehmen. Die Fahrt ist gratis und führt 8 km durch den Hafen zwischen der äußeren Spitze Manhattans und Staten Island. Die Staten-Island-Seite wird derzeit ausgebaut, neue Attraktion wird u. a. das gigantische Riesenrad.

337 **IKEA EXPRESS FERRY**
Wall St – Pier 11
Financial District ①
+1 212 742 1969
www.nywatertaxi.com/ikea

Von einer Zubringerstraße der South Street Seaport verkehrt eine Fähre zur Ikea-Anlegestelle in Red Hook, Brooklyn. Bei der 20-minütigen Fahrt hat man schöne Blicke auf Downtown. Auch Red Hook selbst ist wegen seiner vielen guten Restaurants eine Tour wert. Die Fähre ist am Wochenende gratis.

338 **CROSS BRIDGES VIA THE SUBWAY**

Man sollte über eine Brücke von Manhattan nach Brooklyn kommen! Die Linien B, D, N oder Q fahren über die Manhattan Bridge bis nach Fort Greene und weiter. Die Linien J, M und Z fahren über die Williamsburg Bridge bis nach Williamsburg und darüber hinaus.

339 **M5 BUS DOWN FIFTH AVENUE**

Upper East Side ⑦ +
Midtown ⑥
www.bustime.mta.info

Die Fifth Avenue gilt noch immer als die Hauptstraße des Luxus', und ihre Pracht kann man zwischen 59. und 42. Straße vom Bus aus betrachten. Hier reiht sich alles aneinander, was Rang und Namen hat: Designerläden, Luxushotels, Rockefeller Center. Der starke Verkehr sorgt für Schrittgeschwindigkeit, so hat man Zeit zum Genießen. Abends und in der Weihnachtszeit ist es besonders schön.

340 **ROOSEVELT ISLAND TRAMWAY**

East 59th St
(nahe 2nd Ave)
Upper East Side ⑦
+1 212 832 4555
www.rioc.ny.gov

Mit dem MTA-U-Bahn-Ticket kann man auch die Schwebebahn nehmen, die den East River überquert und Manhattan mit Roosevelt Island verbindet – auf schwindelerregender Höhe. Der Ausblick auf der fünfminütigen Strecke ist fantastisch. Auf der Insel empfiehlt sich ein Spaziergang entlang des Flussufers.

336 **STATEN ISLAND FERRY**

5 Tipps, sich unter NEW YORKER zu mischen

341 **SCHACHSPIELEN IM PARK**

Warum sich nicht mal mit den routinierten Schachspielern messen? Pro Spiel werden fünf Dollar eingesetzt, dann wird sehr rasch gespielt. Die Typen sitzen in der Südwestecke des Washington Square Park (einige betrügen oder reden Unsinn!), an der Westseite des Union Square Park und im Chess-und-Checkers-Haus im Central Park, hinter der 65. Straße.

342 **AN DER BAR ESSEN, ANSTATT AN EINEM TISCH**

So ein Essen bietet die Chance einer Unterhaltung, außerdem kann man dabei Lokale testen, wo man nie einen Tisch bekäme. Die meisten Restaurants bieten Sitzplätze an den Bars an, manche ermutigen ihre Gäste sogar dazu, wie: Cosme, Union Square Cafe, Acme, Casa Mono.

343 **DAS ALLJÄHRLICHE FEST VON SAN GENNARO**

An der Mulberry St
Little Italy ③
www.sangenarro.org

Das Fest wird elf Tage lang gefeiert, und es gibt kaum einen New Yorker, der es nicht schon miterlebt hat. Die Mulberry Street verwandelt sich in eine Meile aus Musik, Spielen und italienischem Essen. Eine Prozession ehrt den Heiligen, der angeblich einem Feuer entkam.

344 VEREIN DER ROLLSCHUHTÄNZER IM CENTRAL PARK

Central Park ⑦

cpdsa.org

Im Bandshell im Central Park faszinieren die Interpretationen der Rollschuhfahrer und -tänzer. Einige sind unglaublich talentiert und kommen schon seit den 1970er-Jahren hierher, als dieser Sport populär wurde. An den Wochenenden von April bis Oktober. Oder einfach zum Pier 2 im Brooklyn Bridge Park gehen, Rollschuhe ausleihen und loslegen.

345 BEI EINEM UMZUG ZUSEHEN

NCY zieht bei 30 Umzügen im Jahr seine Bevölkerung auf die Straßen. Es gibt sehr berühmte Spektakel, wie den Macy's-Umzug zum Erntedankfest, aber auch kleinere, lustige, wie das bunte Neujahrsfest in Chinatown, die Osterparade, an der alle ihre schönste Kopfbedeckung spenden und die Gay Pride, zu der alle eingeladen sind.

345 BEI EINEM UMZUG ZUSEHEN

5 mal NYC
VOM WASSER AUS

346 **346 GRATIS KAJAK VOM PIER 26**
THE NEW YORK CITY DOWNTOWN BOATHOUSE
Hubert St
(Hudson River)
TriBeCa ③
www.downtownboathouse.org

Hier erlebt man den Hudson ganz nah und sehr persönlich in 20-minütigen Sporteinheiten. NYCDB bietet auch kostenloses Training an, um die Paddeltechnik zu verbessern oder um zu lernen, Panik zu vermeiden, wenn man kentert. Längere, geführte Paddeltouren stehen auch auf dem Programm, nach dem Motto: Wer zuerst kommt, darf zuerst. (Rund um NYC gibt es noch sechs weitere Stellen zum Kajakfahren).

347 **DIE STUMME PARTY BOOTSFAHRT**
CIRCLE LINE PIER 83
West 42nd St
(Hudson River)
Midtown West ⑥
+1 212 563 3200
www.circleline42.com

Ein neuer Tanztrend in der Stadt: Man trägt Kopfhörer und wählt die Station von einem der drei DJs, die auf der Party auflegen. Sieht ein wenig seltsam aus, macht aber richtig viel Spaß! Boote mit riesigen Tanzflächen unter freiem Himmel fahren aufs Wasser raus, und alle zappeln nach den Beats, während das Schiff unter der Brooklyn Bridge hindurchgleitet.

348 **INTREPID SEA, AIR & SPACE MUSEUM**
PIER 86
West 46th St
(nahe 12th Ave)
Midtown West ⑥
+1 212 245 0072
www.intrepidmuseum.org

Als ob man eine Reise zurück in die 1940er-Jahre unternähme. Auf diesem Flugzeugträger gibt es viel zu sehen, u.a. historische Militärflugzeuge, das Raumschiff Enterprise und das Innere eines U-Boots – zudem eine Militärausstellung. Vorsicht, das Oberdeck kann je nach Wetterlage ziemlich heiß werden bzw. windig und kalt.

349 **BOOTSFAHRTEN MIT ABENDESSEN AUF DEN BATEAUX NEW YORK**
PIER 62
West 23rd St
Chelsea ⑤
+1 866 817 3463
www.bateaux newyork.com

Von der Anlegestelle in Chelsea aus kann man eine unterhaltsame, dreistündige Fahrt durch die Wellen mit sehr gutem Abendessen buchen. Unbedingt einen Tisch am Fenster reservieren, für einen optimalen Blick auf die aufragenden Wolkenkratzer. (Da das Boot eine Decke aus Glas hat, genießt man aber auch sonst meist eine gute Sicht). Fein anziehen und sich ein wenig Luxus gönnen.

350 **EIN SPAZIERGANG ÜBER BROOKLYN- ODER WILLIAMSBURG BRIDGE**

Brooklyn Bridge: Von der Manhattan-Seite aus betritt man sie zwischen Centre und Chambers. Von der Brooklyn-Seite aus bei Tillary und Brooklyn Bridge Boulevard oder auf der Nordostseite der Cadman Plaza. Auf der Williamsburg Bridge jedoch ist weniger los: Fußgänger und Radfahrer gelangen von Manhattan aus zwischen Clinton und Delancey auf die Brücke. Von Williamsburg aus an der Berry Street zwischen 5. und 6. Straße, Radfahrer fahren bei Washington Plaza auf die Brücke.

Die 5 besten Tipps für

SPORT

351 **JOGGINGSTRECKEN**

Dank des Gouverneurs von NY, Mario Cuomo, gibt es eine Joggingstrecke entlang des Hudson, von der äußersten Spitze Manhattans bis zur Bronx, mit Toiletten und Kiosken entlang der Route. Die Runde im Central Park ist ungefähr 9,6 km lang; die Strecke um das Jacqueline-Onassis-Reservoir ca 2,5 km, sie wird auch »Stephanie and Fred Shurman Running Track« genannt, als Dank für die Finanzierung der Renovierung – das ist die Strecke, die Dustin Hoffman im Film »Der Marathon-Mann« läuft.

352 **BASKETBALLPLATZ WEST 4TH STREET**
Ecke der West 4th St
und 6th Avenue
Greenwich Village ④

Ein legendärer Treffpunkt für außergewöhnliche Spieler und Zuschauer. Dieser Platz, als »The Cage« bekannt, ist kleiner als ein regulärer Basketballplatz, hartes Spiel ist die Regel. Es geht brutal und schnell zu, mit viel Geschrei und Tipps von selbst ernannten Trainern an den Seitenlinien. Es ist absolut faszinierend, den talentierten Spielern zuzusehen, manche werden zu NBA-Stars, wie der heutige Knick-Spieler Anthony Mason.

353 PASS FÜR WORK-OUT-STUNDEN

www.classpass.com

Mit einem Monatspass kann man zum reduzierten Preis an gefragten Workouts in edlen Fitnesszentren quer durch New York teilnehmen. Fünf Stunden kosten 19 Dollar in einem Test-Monatsabo. Yoga, Spinning, Barren, Pilates, Kampfsport und Boxen können gebucht werden – eine tolle Art, unterschiedliche Fitness-Disziplinen kennenzulernen.

354 CITIBIKE

+1 855 245 3311
www.citibikenyc.com

Über ganz Manhattan, Brooklyn und Queens verteilt gibt es Citibike-Stationen, wo man ein Fahrrad ausleihen kann, das man dann irgendwo wieder zurückgibt. Achtung, gut planen und das Rad nach 30 Minuten wieder abgeben – sonst kostet es vier Dollar für jede angebrochene Viertelstunde. Für zwölf Dollar kann man einen Tagespass kaufen für eine unlimitierte Anzahl an 30-minütigen Fahrten.

355 DER BEWEGUNGSSALON VON SAL ANTHONY

190 Third Avenue
(zwischen E 17th und 18th St)
Gramercy ⑤
+1 212 420 7242
www.movementsalon.com

Hier dreht sich alles um Innovation – in einem hohen Raum, der ehemals der deutsche Ratskeller war, mit seiner kunstvollen Decke aus Buntglas. Pilates an Geräten, Gyrotonic, eine Maschine, die den Fitnessfreak dehnt, und A.I.M., Anthonys ureigene Erfindung, bei der die Kunden von zwei Seilen hängen, um ihre Muskeln zu lockern und ihre Sorgen zu vergessen. Außerdem die besten Massagen der Stadt, was das Preis-Leistungs-Verhältnis angeht.

5 mal Stadtgeschichte in BÜCHERN UND FILMEN

356 **DIE GESCHICHTE UND DIE URSPRÜNGE MANHATTANS**

»Forever« von Pete Hamill nimmt den Leser mit auf eine Reise durch das Manhattan der ersten Tage bis zur Gegenwart, in einer fantasievollen Geschichte über einen Mann, der die Fähigkeit besitzt, ewig zu leben; »Burr« von Gore Vidal porträtiert die frühe City und ihre politischen Dramen; »Mannahatta« von Eric Sanderson erzählt von den wilden, natürlichen Ursprüngen der Gründerzeit.

357 **50ER-, 60ER-, 70ER-BEWEGUNGEN**

»Just Kids« sind die Memoiren von Patti Smith über ihre Freundschaft zum Künstler Robert Mapplethorpe, in denen sie ein genaues Bild vom Anfang der Künstlerszene in Soho und der Subkultur Manhattans zeichnet; in »Sleeping with Bad Boys« beschreibt Alice Denham sehr offen die sexuellen Erlebnisse einer aufstrebenden Autorin mit den Berühmten der 1950er-Jahre. Filme wie »Taxi Driver« und »Rosemary's Baby«, fangen die Horrorszenarien der Stadt in den 60ern und 70ern ein.

358 **ERINNERUNGEN AN DIE 1980ER- BIS 1990ER-JAHRE**

»Susan…verzweifelt gesucht«, »American Psycho« und »Do the Right Thing« sind drei Filme, die den Wandel NCYs in den 1980ern beschreiben – Klassen-, Rassen- und Anti-Establishment-Gruppen gehen hier aufeinander los. »Killing Williamsburg« von Bradley Spinelli beschreibt die Tage in den 1990ern, als die Gentrifizierung von Williamsburg begann und eine düstere Welle an Selbstmorden auslöste.

359 **ZURÜCK INS 19. JAHRHUNDERT**

»Hester Street« ist ein Film über die Geschichte einer jüdischen Familie, die in die Lower East Side einwandert und beschreibt, wie sie sich assimiliert; »Time and Again« sind klassische Erzählungen von Jack Finney, dessen Geschichten im The Dakota und im Gramercy Park spielen – eine mysteriöse und bewegende Liebesgeschichte.

360 **DURCH DIE AUGEN VON WOODY ALLEN**

Äußerst interessant ist die Liebesgeschichte, die diesen Künstler mit der City verbindet. »Manhattan« ist schlichtweg brillant, in Schwarz-Weiß zeigt der Film Aspekte und Szenen der Stadt von 1979. »Der Stadtneurotiker«, 1977, stellt Standpunkte aus NYC jenen aus Los Angeles entgegen. »Manhattan Murder Mystery« von 1993 ist ein typischer Genrefilm und handelt von zwei Ehepaaren, die ihren Nachbarn verdächtigen, seine Ehefrau umgebracht zu haben.

5 Dinge, die NEW YORKER *einfach* WISSEN

361 **TAXI-WEISHEITEN**

Kein Taxi in Sicht? Die nächstbeste Möglichkeit sind Uber und Lyft, vorher aber die Apps runterladen, um hohe Kosten zu vermeiden. Arro und Curb funktionieren auf die gleiche Weise, werden aber von professionellen Fahrern in gelben Taxen gefahren. Gut zu wissen ist, dass auch Taxis, die das Außer-Betrieb-Zeichen aktiviert haben, Gäste mitnehmen, wenn deren Ziel auf ihrem Weg liegt.

362 **ÖFFENTLICHE TOILETTEN**

Öffentliche Toiletten gibt es sehr wenige. Man findet gelegentlich welche in den Parks, sonst muss man eben in einem Restaurant einkehren; man kann auch einfach in eine Hotel-Lobby gehen und dort die Toilette benutzen. Einfach mit Selbstbewusstsein so tun, als ob man Gast wäre. Es gibt auch eine Webseite, Nyrestroom.com, mit einer Karte aller Toiletten.

363 PASSEND ANZIEHEN

Zu Fuß gehen ist die beste Art, sich in NYC zu bewegen, so entgeht einem nichts. Also die schicken Lieblingssneakers einpacken, mit denen man sich Tag und Nacht sehen lassen kann. Elegante, lässige Kleidung, sportliche Outfits und eine relaxte Haltung öffnen alle Türen. Schwarze Kleidung dominiert noch immer, wird aber deutlich weniger.

364 REGELN FÜR RESTAURANTS

Wenn man ein besonderes Restaurant besuchen möchte, hilft es, vorauszuplanen. Auf OpenTable.com und Resy.com können Verfügbarkeiten geprüft und Reservierungen getätigt werden. Viele Restaurants schließen montags, die gefragtesten Nächte sind Donnerstag und Freitag. An Sommerwochenenden ist die City leerer, also perfekt für den bevorzugten Tisch am Samstagabend, vor allem an langen Wochenenden.

365 MUSTERVERKÄUFE UND POP-UP-SHOPS

Designerstücke mit 50 bis 90 Prozent Rabatt findet man auf Chicmi.com, deren Liste Musterabverkäufe nennt und praktischerweise auch gleich alle in der näheren Umgebung aufzählt, dann lohnt sich der Weg gewiss. Pop-up-Shops füllen ihre leeren Regale mit haufenweise Designerware. Auf 260samplesale.com sieht man, wer wo verkauft. Größere Abverkäufe/Verkaufsshows verlangen Eintritt.

387 **FRANK LLOYD WRIGHT ZIMMER**

60 ARTEN, KULTUR ZU GENIESSEN

5 gut etablierte
GALERIEN

366 **DAVID ZWIRNER GALLERY**
537 West 20th St (zwischen 10th und 11th Ave)
Chelsea ⑤
+1 212 517 8677
www.davidzwirner.com

David Zwirner eröffnete seine erste Galerie in Soho im Jahr 1993. Seine neueste in NYC befindet sich in einem schnittigen Gebäude mit 10 000 Quadratmetern, ideal für große Installationen. Viele hoch angesehene Künstler wie Jeff Koons, Yayoi Kusama, Luc Tuymans, Neo Rauch und William Eggleston sind hier zu Hause.

367 **HAUSER & WIRTH**
548 West 22nd St (zwischen W 10th und 11th Ave)
Chelsea ⑤
+1 212 790 3900
www.hauserwirth.com

Die international bekannte und geschätzte Schweizer Galerie ist vorübergehend in den ehemaligen Raum von DIA eingezogen, bis ihre eigenen, brandneuen Räume nebenan fertiggestellt sind. Die Galerie repräsentiert etablierte und aufkommende Künstler, unter anderem Mark Bradford und Paul McCarthy, außerdem Künstleragenturen wie The Louise Bourgeois Studio.

368 **GAGOSIAN GALLERY**

976 Madison Avenue (zwischen E 76th und 77th St)
Upper East Side ⑦
+1 212 744 2313
www.gagosian.com

Larry Gagosian hat einen permanenten Platz in den Top Ten des »ArtReview's Power 100«, seine 16 Galerien liegen in der ganzen Welt verstreut. In New York kann man vier davon besuchen, zwei in Uptown und zwei in Chelsea. Wer es sich nicht leisten kann, hier Kunst einzukaufen, der sollte sich ein tolles Andenken aus dem Shop gönnen.

369 **BARBARA GLADSTONE**

530 West 21st St (zwischen 10th und 11th Ave)
Chelsea ⑤
+1 212 206 7606
www.gladstonegallery.com

Die amerikanische Kunsthändlerin und Filmproduzentin Barbara Gladstone besitzt seit 25 Jahren eine Kunstgalerie und hat ihren Finger am Puls der Zeit. Ihre Vision steht hinter ein paar der erfolgreichsten zeitgenössischen Künstler von heute, wie z. B. Matthew Barney. Das Gebäude ist ein karger, minimalistischer Würfel mit 7 m Raumhöhe und einem riesigen Deckenfenster.

370 **BLUM & POE**

19 East 66th St (zwischen 5th und Madison Ave)
Upper East Side ⑦
+1 212 249 2249
www.blumandpoe.com

Die New Yorker Filiale des Giganten aus Los Angeles bietet zeitgenössische Kunst in museumsartiger Qualität, aber in einem eher intimen Raum – in den zwei oberen Stockwerken eines Stadthauses. Chuck Close und Julian Schnabel sind nur zwei der recht berühmten repräsentierten Künstler; außerdem gibt es wegweisende Kunst aus Asien.

5 interessante
GALERIEN DER AVANTGARDE

371 **GAVIN BROWN'S ENTERPRISE**
429 West 127th St
(zwischen Convent und Amsterdam Ave)
Harlem ⑧
+1 212 627 5258
www.gavinbrown.biz

Seit 25 Jahren bereits eine der coolsten und einflussreichsten Galerien in der Stadt. Die neueste Schöpfung belegt drei Stockwerke einer ehemaligen Brauerei in Harlem – die Eröffnungsausstellung präsentierte Werke von Ed Atkins, einem britischen Künstler, dessen Videokunst verstörend echte Avatars zeigt und von Poesie durchzogen wird.

372 **BRIDGET DONAHUE GALLERY**
99 Bowery, 2nd floor
(zwischen Hester und Grand St)
Lower East Side ③
+1 646 896 1386
www.bridgetdonahue.nyc

Hierher kommen die Künstler selbst, wenn sie wissen wollen, was alles so los ist. Dank Bridget Donahues scharfem Auge für unterschätzte Künstler gilt ihre Galerie als Drehscheibe für die neue Generation und als Signalturm auf der Lower East Side. Sie mischt auch in der fantastischen Gallerie Cleopatra's in Brooklyn mit.

373 **RAMIKEN CRUCIBLE**

389 Grand St (zwischen Essex und Clinton St)
Lower East Side ③
+1 917 328 4656
www.ramiken crucible.com

Diese Böse-Buben-Galerie ist eine Schöpfung des Musikers und Künstlers Mike Egan, der von der »New York Times« als »Marcel Duchamps nicht existenter, schelmischer Bruder« betitelt wurde. Regelmäßig veranstaltet er Konzerte in diesem rohen Raum, die Kunst ist ultramodern und stammt von Künstlern wie Lucas Blalock.

374 **JTT**

191 Chrystie St (zwischen Stanton und Rivington St)
Lower East Side ③
+1 212 574 8152
www.jttnyc.com

Der Platz, den diese alteingesessene Galerie in der Lower East Side in Anspruch nimmt, hat sich verdreifacht, heute liegt sie einen Stock höher, gleich beim New Museum. Die Galerie weist eine exzellente Künstlerliste auf, unter anderem eigenwillige Malereien und Sammlungen von Borna Sammak oder Skulptur-Installationen von Anna-Sophie Berger.

375 **AMERICAN MEDIUM**

515 West 20th St (zwischen 10th und 11th Ave)
Chelsea ⑤
+1 201 396 7642
www.american medium.net

Was einst im Problemviertel Bed-Stuy Brooklyn begann, hat sich weit entwickelt und findet sich heute auf größerem Raum in Chelsea wieder. Drei junge Visionäre spezialisieren sich darauf, Künstler zu finden, die sich auf digitale Kunst konzentrieren. Der neue Raum gibt ihnen die Möglichkeit für Vorstellungen, und auch wenn sie heute als die elitärste Galerie in der Nachbarschaft gilt, hat sie sich ihre rohe Sensibilität erhalten.

5 Orte, wo man KUNST GRATIS genießen kann

376 **CHRISTIE'S**
20 Rockefeller Plaza
(zwischen W 48th und 49th St)
Midtown ⑥
+1 212 636 2000
www.christies.com

Das weltbekannte Auktionshaus logiert im Herzen der City. Alle Objekte, die zur Auktion stehen, werden hier ausgestellt, und man kann sie jederzeit besichtigen. Man sollte sich den Ausstellungskalender ansehen – vielleicht kehrt man ja mit einem Schatz zurück.

377 **SOTHEBY'S**
1334 York Avenue
(nahe E 72nd St)
Upper East Side ⑦
+1 212 606 7000
www.sothebys.com

Viel wertvolle Kunst geht durch die Hände von Sotheby's, sodass sich die Reise zum East River lohnen wird – man weiß nie, was man findet. Die Auktionsräume befinden sich auf der zweiten Etage, wo man jeden Monat eine andere Kollektion feiner, dekorativer Kunst, Schmuck und Sammlerstücke bewundern kann.

378 **PHILLIPS**
450 Park Avenue
(zwischen E 56th und 57th St)
Midtown East ⑥
+1 212 940 1300
www.phillips.com

Der Ort, um Objekte aus dem 20. und 21. Jh. zu kaufen und zu verkaufen: Originale von Warhol, Banksy und Keith Haring; Möbel von Hans J. Wegner, Emile-Jacques Ruhlmann und Le Corbusier; Schmuck von Cartier und Van Cleef & Arpels; oder Fotografien von Man Ray, Edward Weston, Irving Penn und Cindy Sherman.

379 **FREIER EINTRITT AN MUSEUMSTAGEN**
Überall in der Stadt

Die Öffnungszeiten bitte auf den Webseiten prüfen. Dienstag: Brooklyn Botanic Garden; Cooper Hewitt; Jewish Museum. Mittwoch: Bronx Museum of the Arts; Children's Museum of the Arts. Donnerstag: New Museum of Contemporary Art. Freitag: Asia Society; MoMA; The Morgan Library; The Neue Galerie. Samstag: Brooklyn Botanic Garden; Brooklyn Museum; Studio Museum in Harlem.

380 **KUNST IN DEN PARKS**
Madison Square Park
East 23rd-26th St, zwi. Madison und 5th Ave
Flatiron ⑤
www.madisonsquarepark.org

Riesige Skulpturen schmücken die Wiesen des Madison Square Parks das ganze Jahr hindurch. Die Kunstwerke werden von der Madison Square Park Conservancy gestellt. Vor oder nach der Kunst sollte man sich einen der berühmten Burger bei Shake Shack gönnen.

377 SOTHEBY'S

Die 5 besten
KUNSTMESSEN

381 **FRIEZE NEW YORK**
Randall's Island Park
Queens
+1 212 463 7488
www.frieze.com

Jedes Jahr Anfang Mai wird ein gigantisches Zelt im Randall's Island Park am East River aufgebaut. Die weltbesten Galerien für zeitgenössische Kunst versammeln sich hier, um über 1000 der wichtigsten Künstler von heute zu präsentieren. Die stilvollste Anreise erfolgt per Schiff, sonst im Bus vom Guggenheim aus.

382 **TEFAF**
IM: PARK AVENUE ARMORY
643 Park Avenue
(nahe E 66th St)
Upper East Side ⑦
+1 212 616 3930
www.tefaf.com

Die Maastricher TEFAF kam im Jahr 2016 nach New York und eröffnete mit einer Sensation – einem neu entdeckten van Gogh. Die Ausstellung im Frühling (Anfang Mai) konzentriert sich auf zeitgenössische Kunst und Design. Für die Herbstausgabe (Ende Oktober) bringen die Händler ihre besten Stücke aus dem Bereich Kunsthandwerk von der Antike bis 1920; eine Wohltätigkeitsveranstaltung am ersten Abend eröffnet die Messe.

383 **THE ART SHOW**
IM: PARK AVENUE ARMORY
643 Park Avenue (nahe 67th St)
Upper East Side ⑦
+1 212 488 5550
www.artdealers.org

Diese Kunstmesse, organisiert von der amerikanischen Organisation der Kunsthändler (ADAA), gilt als die beste in New York; hier präsentieren sich 72 amerikanische Kunsthändler mit Arbeiten vom 19. Jahrhundert bis zur Neuzeit. Die Messe ist Anfang März, dauert fünf Tage und wird mit einer Gala eröffnet, die eine Vorschau über die Veranstaltung liefert.

384 **THE ARMORY SHOW**
PIERS 92 & 94
711 Twelfth Avenue (nahe W 55th St)
Midtown West ⑥
+1 212 645 6440
www.thearmoryshow.com

Die beste Kunstmesse für Werke aus dem 20. und 21. Jahrhundert wird jedes Jahr Anfang März auf zwei langen Anlegestellen, die in den Hudson ragen, gefeiert. Neben der Ausstellung finden Podiumsdiskussionen, Gespräche mit Künstlern und Signierstunden statt, außerdem Focus, ein Forum, das neuen Künstlern und Galerien eine Präsentationsplattform bietet.

385 **AFFORDABLE ART FAIR NYC**
IM: THE METROPOLITAN PAVILION
125 West 18th St (zwischen 6th und 7th Ave)
Chelsea ⑤
+1 212 255 2003
www.affordableartfair.com

Ende März bieten mehr als 70 Aussteller eine große Auswahl an Originalkunstwerken von etablierten Künstlern und aufgehenden Sternen, die zwischen 100 und 10 000 Dollar kosten, die meisten bewegen sich jedoch um 5000 Dollar. Es existiert ein Kalender für Auftritte von Künstlern, innovative Vorträge und Touren und sogar für Workshops zum Mitarbeiten.

5 Bereiche des
MET-MUSEUMS,
die man besuchen muss

Metropolitan Museum of Art
1000 Fifth Avenue (nahe E 82nd St)
Central Park ⑦
+1 212 535 7710
www.metmuseum.org

386 **PANORAMA DES PALASTES UND DER GÄRTEN VON VERSAILLES**
Gallery 735
Im Amerikanischen Flügel

Im 19. Jahrhundert waren riesige Rundgemälde beliebt, vor denen sich der Betrachter fühlt, als stünde er inmitten einer Szene. Nach einem Besuch in Versailles 1814 malte John Vanderlyn diese Ansicht von Schloss und Garten. Der Künstler reiste mit seinem Meisterstück umher und fügte auch sich selbst ins Bild ein (rechts vom Bassin de Latone).

387 **FRANK LLOYD WRIGHT ZIMMER**
Gallery 745
Im Amerikanischen Flügel

Das Wohnzimmer aus Frank Lloyd Wrights prachtvollem Landhaus wurde detailgenau nachgebaut. Der Landsitz war zuletzt im Besitz der Familie Little, die ihn später ans Met verkaufte. Hier werden die Ideen des Architekten in Ehren gehalten, selbst der Einfall des Sonnenlichtes wurde genau kopiert.

388 **SHADY LADIES TOUR**
Im ganzen Museum
www.shadyladiestours.com

Die Tour führt zu allen Kunstwerken des Museums, die Kurtisanen, Maitressen und professionelle Schönheiten der Geschichte porträtieren oder zum Thema haben – inklusive ihrer skandalösen Hintergründe; geführt wird diese Tour von Andrew Lear, einem Experten für erotische Kunst in der griechischen und römischen Geschichte. Weitere spezielle Führungen sind die Gay Secrets of the Met und die Sexy Secrets of the Met.

389 **HENRY R. LUCE CENTER**
Mezzanin des Amerikanischen Flügels

Dieser Bereich zeigt amerikanische Meisterwerke der Kunst und des Kunsthandwerks, die derzeit nicht Teil der Ausstellung sind. Dieses Hinterzimmer wird auch »sichtbares Kunstlager« genannt und ist für alle zugänglich. Das Arrangement der Stücke ordnet akribisch genau nach Material, Form und Chronologie, die Kollektion umfasst Ölgemälde, Skulpturen, Möbel und Holzarbeiten, Glas, Keramik und Kunsthandwerk aus Metall.

390 **DER ISLAMISCHE FLÜGEL**

Dieser Flügel, der erst 2011 eröffnet wurde, schließt 15 Galerien ein, die Schätze aus der islamischen Welt zeigen. Nicht verpassen: die Gebetsnische aus dem 14. Jahrhundert, die mit einem kunstvollen Mosaik in Blau, Weiß und Türkis ausgestattet ist; seltene, bewundernswert schöne Teppiche aus dem 16. Jh; das Damaskus-Zimmer, die Rekonstruktion eines syrischen Hauses von 1707.

Die 5
INTIMSTEN MUSEEN

391 **EL MUSEO DEL BARRIO**
1230 Fifth Avenue
(nahe 104th St)
Upper East Side ⑦
+1 212 831 7272
www.elmuseo.org

Das einzige Museum der City, das der modernen Kunst, Grafik, präkolumbischen- und religiösen Kunst (wie die der Orisha-Anbeter) aus Puerto Rico, der Karibik und Lateinamerika gewidmet ist. Neben den Ausstellungen werden auch Filme gezeigt, außerdem gibt es Literatur und Bühnenkunst. Am Abend finden lustige Partys mit DJs, Live-Musik und Pop-up-Installationen statt.

392 **TENEMENT MUSEUM**
103 Orchard St
(nahe Delancey St)
Lower East Side ③
+1 877 975 3786
www.tenement.org

Hier sollte man eine Tour buchen und die Bewohner »persönlich« treffen (von Schauspielern verkörpert). Dieses Gebäude, in dem insgesamt mehr als 7000 Einwanderer vorübergehend ein Zuhause fanden, wurde im Jahr 1863 erbaut. Das Haus wurde exakt so rekonstruiert, wie es war, als die Immigranten dort lebten. Alle Menschen, auch die Besucher, werden ermutigt, ihre eigenen Erlebnisse mitzuteilen, sodass die Geschichte von NYCs früher Einwanderungswelle lebendig bleibt.

393 **THE NEW MUSEUM**
235 Bowery
(zwischen Stanton und Rivington St)
Lower East Side ③
+1 212 219 1222
www.newmuseum.org

Dieses Museum präsentiert die Arbeit von Newcomer-Künstlern, noch bevor sie die öffentliche Aufmerksamkeit auf sich ziehen, mit Kunstwerken, die oft jenseits des Üblichen zu suchen sind. Hier hat die Galerieeigentümerin Barbara Gladstone ihren Stuart Regen Fund eingerichtet, der Lesungen von führenden, internationalen Denkern über Kunst, Architektur und Design finanziert. Auch das Gebäude selbst setzt einen coolen Akzent auf der Bowery.

394 **NEUE GALERIE**
1048 Fifth Avenue
(nahe E 86th St)
Upper East Side ⑦
+1 212 994 9493
www.neuegalerie.org

Der Ort für deutsche und österreichische Kunst und Design der Zeit um 1900. Hier findet man beeindruckende Tische von Josef Hoffmann, Zeichnungen und Gemälde von Gustav Klimt, Oskar Kokoschka und Egon Schiele – allesamt in einer Beaux-Arts-Villa. Im Inneren logiert ein hübsches, echtes Wiener Kaffeehaus mit (donnerstags) europäischer Live-Musik aus den 1890er– bis 1930er-Jahren.

395 **DONALD JUDD HOUSE**
101 Spring St
(nahe Mercer St)
Soho ②
+1 212 219 2747
www.juddfoundation.org

Der Künstler kaufte dieses Gebäude im Jahr 1968 und verwandelte es in seine kreative Spielwiese. Sein Zuhause und sein Studio blieben so erhalten, wie es 1994 war – jedes Stück blieb an seinem Platz (200 Kunstwerke und Möbelstücke und 1800 Haushaltsgegenstände). Vorab eine Tour buchen, denn es werden maximal acht Personen ins Haus gelassen.

Die 5 besten Orte für
TANZ

396 **JOYCE THEATER**
175 Eighth Avenue
(nahe W 19th St)
Chelsea ⑤
+1 212 242 0800
www.joyce.org

Das Programm des Joyce deckt viele unterschiedliche Stilrichtungen des zeitgenössischen und modernen Tanzes ab, wie z. B. den vom Jazz inspirierten Stepptanz, den Flamenco, das traditionelle Ballett und das avantgardistische Ballet Hispanico. Für die Pause kann man sich einen Tisch reservieren lassen, um ein Glas Sekt im Gespräch mit anderen Tanz-Enthusiasten zu genießen.

397 **THE KITCHEN**
512 West 19th St
(zwischen 10th Ave
und West St)
Chelsea ⑤
+1 212 255 5793
www.thekitchen.org

Für all diejenigen, die nach wirklich Ausgefallenem und Experimentellem suchen: The Kitchen ist eine von NYCs ältesten gemeinnützigen Veranstaltungsorten, hier debütierten Laurie Anderson, Lucinda Childs und Bill T. Jones. Die Shows zeigen experimentellen Tanz von innovativen Künstlern, die den Tanz jenseits aller Grenzen tragen. Konzerte, Theater, Videokunst, Ausstellungen und Gespräche gehören auch zum Eventkalender.

398 **SYMPHONY SPACE**
2537 Broadway
(nahe W 95th St)
Upper West Side ⑦
+1 212 864 5400
www.symphonyspace.org

Symphony Space fungiert als Gastgeber für Musik, Tanz, Theater, Film und Lesungen, bekannt sind die Selected Shorts, in denen berühmte Schauspieler Kurzgeschichten lesen. Zwei Theater stehen dafür zur Verfügung: das Peter Jay Sharp Theatre mit 800 Sitzplätzen und das intimere Leonard Nimoy Thalia mit 170 Plätzen, beide nach ihren berühmtesten Mäzenen benannt.

399 **BROOKLYN ACADEMY OF MUSIC**
30 Lafayette Avenue
(zwischen St Felix St und Ashland Pl)
Fort Greene, Brooklyn ⑩
+1 718 636 4100
www.bam.org

Für eine bunte Mischung von Tanzstilen, die oft als spektakuläre Interpretationen von Klassikern gelten, sollte man das BAM besuchen. Hier werden auch Film und Theater inszeniert, Konzerte und Opern von experimentellen Künstlern, manche Jungstars, andere Meister ihres Fachs. Der Komplex umfasst drei Theater: das Harvey Theater, das Peter Jay Sharp Building und das Fisher Building.

400 **HOUSE OF YES**
2 Wyckoff Avenue
(nahe Jefferson St)
Bushwick, Brooklyn
www.houseofyes.org

Dieser bunte Würfel, der erst 2016 eröffnet wurde, setzt neue Maßstäbe im Entertainment. Die Shows zeigen unter anderem hochtalentierte Teams von Hochseilartisten, Zauberern, Tänzern und Livebands. Wer sich gern verkleidet, wird sich in dieser Gesellschaft, die vorzugsweise in flippigen und kreativen Aufzügen zu den Veranstaltungen kommt, wohlfühlen. Das Theater öffnet frühzeitig für einen Drink und das Aufwärmprogramm des DJs.

5 *intime*

THEATER

401 **59E59 THEATERS**
59 East 59th St (zwischen Park und Madison Ave)
Midtown East ⑥
+1 212 753 5959
www.59e59.org

Ein wundervolles kleines Theater, in dem neue Stücke aus der ganzen Welt ihre Premieren in NYC feiern. Auf vier Stockwerken wird in drei Theatern Lustiges, Innovatives und Experimentelles gespielt. Jedes Stück bleibt nur etwa einen Monat auf dem Programm, sodass es immer Neues gibt. Brits Off Broadway wird das Festival genannt, bei dem ausschließlich importierte Werke aus Großbritannien aufgeführt werden.

402 **LA MAMA EXPERIMENTAL THEATRE CLUB**
66 East 4th St (zwischen Bowery und 2nd Ave)
East Village ④
+1 212 352 3101
www.lamama.org

Ellen Stewart ist eine wahre Unterstützerin der Künste und gründete La Mama im Jahr 1961. Seither gaben sich hier die großen Namen die Ehre, wie der Dramatiker Sam Shepard oder Promis wie Robert De Niro, Whoopi Goldberg und Bette Midler. Die drei Theater führen jährlich über 100 Produktionen auf. Viele Shows laufen über mehrere Wochen, manche aber auch nur für eine Vorstellung.

403 **McKITTRICK HOTEL**
530 West 27th St
(zwischen 10th und 11th Ave)
Chelsea ⑤
+1 866 811 4111
www.mckittrickhotel.com

Ein großartiges Theater-Erlebnis, denn die »Zuschauer« spazieren in ihrem eigenen Tempo durch alle fünf Stockwerke des McKittrick Hotels. Die Darsteller spielen eine lautlose, moderne Adaption von »Macbeth« namens »Sleep NO More«, die Gäste tragen Masken. Auf Überraschungen sollte man gefasst sein. Tipp: allein hingehen, um das bestmögliche Erlebnis zu haben – einfach dem Klang der Musik folgen.

404 **CHERRY LANE THEATRE**
38 Commerce St
(zwischen Bedford Ave und Hudson St)
West Village ④
+1 212 989 2020
www.cherrylane theatre.org

In einer der reizendsten kurvigen Straßen im West Village liegt ein ebenso hübsches Theater. Seit Langem gilt es als Geheimtipp für nicht-traditionelle und experimentelle Stücke; der Gast sitzt in einer kuscheligen Umgebung und genießt Theater in heimeliger Atmosphäre. Die aufgeführten Werke reichen von Stücken junger Dramatiker bis zu ikonischen Klassikern der Theaterwelt.

405 **THEATRE 80 ST MARKS**
80 St Marks Place
(zwischen 1st und 2nd Ave)
East Village ④
+1 212 388 0388
www.theatre80. wordpress.com

Der Zugang in dieses intime Theater, das Pionierstatus in der Kunstwelt von Downtown genießt, erfolgt durch eine alte Taverne. Im Gehsteig vor dem Lokal sind die Fußabdrücke einstiger Stars verewigt – wie der von Gloria Swanson. Heute rangiert das Repertoire von traditionellen Shakespeare-Werken bis zu avantgardistischen Arbeiten neuer Autoren.

Die 5 besten Orte für
JAZZ

406 **ZINC BAR**
82 West 3rd St
(zwischen Thompson und Sullivan St)
Greenwich Village ④
+1 212 477 9462
www.zincbar.com

Ein cooler Keller-Jazzclub mit einem rot-samtigen Pariser Flair. Er hat sich die Geisteshaltung aus einer Zeit bewahrt, als Thelonius Monk und Billie Holiday hier zu Hause waren. An den Wochenenden gibt's afrikanische, lateinamerikanische und brasilianische Rythmen, donnerstags wird gejammt.

407 **SMALLS JAZZ CLUB**
183 West 10th St
(zwischen 7 Ave S und W 4th St)
Greenwich Village ④
+1 646 476 4346
www.smallslive.com

Das Mekka für grandiosen Jazz, das Ambiente ist authentisch, man fühlt sich wie in einem NYC-Jazzclub der alten Zeit. Keine Reservierungen möglich. Einen Vorgeschmack gibt SmallsLIVE im Internet: Hier kann man sich Live-Streams der Shows seit 2007 ansehen.

408 **BLUE NOTE JAZZ CLUB**
131 West 3rd St
(zwischen MacDougal St und 6th Ave)
Greenwich Village ④
+1 212 475 8592
www.bluenote.net

Das Lokal, um die feinsten Jazzmusiker live zu erleben, man muss nur nach dem Gebäude mit dem Flügel auf dem Vordach Ausschau halten. Die Monday Night und die Late Night Groove Series präsentieren New Yorks neueste Musiktalente des Jazz, Hip-Hop, R&B und Funk. Das Anstehen muss man in Kauf nehmen.

409 **BIRDLAND JAZZ CLUB**

315 West 44th St
(zwischen 8th und 9th Ave)
Hell's Kitchen ⑥
+1 212 581 3080
www.birdlandjazz.com

Er wurde für die Weltstars gebaut und gleicht mehr einem Restaurant als einem Club, aber die Akustik ist hervorragend. Legendäre Musiker wie Oscar Peterson, Diana Krall, Dave Brubeck und Tito Puente spielen mit großen Bands, während der Gast sein Abendessen genießt. Das Umbria Jazz Festival und das Django Reinhardt Festival finden hier statt.

410 **GRAMERCY PARK HOTEL**

2 Lexington Avenue
(zwischen E 21st und 22nd St)
Gramercy ⑤
+1 212 920 3300
www.gramercypark hotel.com

In diesem eleganten Hotel kann man jeden Dienstag- und Donnerstagabend den nostalgischen Jazzstandards und eigenen Liedern des Trompeters Brian Newman lauschen. Er ist auch der Bandleader von Lady Gaga und macht Musik mit Flair und Persönlickeit. Der opulente Hotelraum ist voll mit gemütlichen Sofas und Kunstwerken des 20. Jahrhunderts.

408 BLUE NOTE JAZZ CLUB

Die 5 besten

NACHTCLUBS

411 **UPRIGHT CITIZENS BRIGADE THEATER**
555 West 42nd St (zwischen 10th und 11th Ave)
Hells Kitchen ⑥
+1 212 366 9176
hellskitchen.ucbtheatre.com

Die Improvisations- und Sketch-Comedy-Ensembles, die hier auftreten, gehören zu den besten der City. Stars von »Saturday Night Live« und Autoren der »Late-Night-Show« schauen hier am Sonntagabend vorbei. Außerdem Auftritte von Death by Roo Roo (samstags) und the Stepfathers (freitags).

412 **COMEDY CELLAR**
117 MacDougal St (zwischen Minetta Lane und W 3rd St)
Greenwich Village ④
+1 212 254 3480
www.comedycellar.com

Dieser Club kam durch den Komödianten Louis C.K., der Teile seiner Fernsehshow »Louie« hier aufnahm, zu Weltruhm und hatte schon die Größten der Comedyszene zu Gast. Die Nasty Show am Mittwoch und am Donnerstag bietet Komödianten selbst für schockierende Themen eine Bühne.

413 **WEBSTER HALL**
125 East 11th St (zwischen 3rd und 4th Ave)
East Village ④
+1 212 353 1600
www.websterhall.com

Größter und prestigeträchtigster Nachtclub und Bühne in New York City. Die Webster Hall gibt es schon seit 1886, sie hat alles erlebt, vom Maskenball in den 1920ern bis zu Mick Jagger und Metallica. Sie umfasst fünf verschiedene Veranstaltungs-Locations.

414 **KNITTING FACTORY**

361 Metropolitan Avenue (zwischen N 4th und 5th St)
Williamsburg ⑨
+1 347 529 6696
bk.knittingfactory.com

Dieser Club zog von Soho über TriBeCa weiter nach Williamsburg, immer mit buntem Musikprogramm und Unterhaltung im Gepäck. The Main Venue, wo die Veranstaltungen stattfinden, ist ein offener Raum, in The Front Bar kann man sich vor der Schau warmlaufen oder von kleineren Inszenierungen unterhalten lassen.

415 **BOSSA NOVA CIVIC CLUB**

1271 Myrtle Avenue (nahe Hart St)
Bushwick, Brooklyn
+1 718 443 1271
www.bossanovacivicclub.com

Unter den Gleisen der Hochbahn logiert ein Club, der für sein Soundsystem und seine DJs bekannt ist, die hier Underground House und Techno spielen. Die Leute kommen zum Tanzen hierher (vor allem Montagnacht), im Eingangsbereich befindet sich eine Lounge. Kein Eintritt, aber Dresscode, und täglich Happy Hour von 17 bis 22 Uhr.

412 COMEDY CELLAR

Die 5 besten Orte für den KINOBESUCH

416 **BRYANT PARK FILM FESTIVAL**
Zwischen W 40th-42nd St und 5th-6th Avenue
Midtown ⑥
+1 212 768 4242
www.bryantpark.org

Es sieht aus wie ein Drive-in-Kino, ist aber ein Open-Air-Kino im Bryant Park, umgeben von Bürotürmen und der New York Public Library. Der Platz auf der Wiese öffnet um 17 Uhr und füllt sich rasch mit Menschen, die sich auf Decken niederlassen und warten, bis die Show bei Sonnenuntergang beginnt. Am besten etwas zum Essen mitbringen, früh genug da sein und sich unter die Menschen mischen.

417 **METROGRAPH**
7 Ludlow St (zwischen Canal und Hester St)
Lower East Side ③
+1 212 660 0312
www.metrograph.com

Ehrwürdige alte Filme und neues Independent-Kino bestimmen das Programm dieses Theaters, das noch aus den glamourösen 1920er-Jahren stammt. Top Events wie exklusive Premieren, seltene, archivarische Print Screenings und Signierstunden. Teil des Filmtheaters ist ein Restaurant, das den Backstage-Cafeterias des alten Hollywood nachempfunden ist, hier kann man vor oder nach der Vorführung einen Happen zu sich nehmen.

418 NITEHAWK CINEMA

136 Metropolitan Avenue (nahe Berry St)
Williamsburg ⑨
+1 718 782 8370
www.nitehawkcinema.com

Wer Kino mit Essen und einem Cocktail verbinden möchte, der ist hier am richtigen Platz. Kleine Tischchen mit Becherhaltern stehen zwischen den Sitzreihen. Die Essensauswahl wird teilweise auf das Thema eines bestimmten Films abgestimmt – von neuen Titeln bis zum Simpson Club Montagnacht, zu dem der Eintritt frei ist.

419 SPECTACLE THEATER

124 South 3rd St (zwischen Bedford Ave und Berry St)
Williamsburg ⑨
www.spectacletheater.com

Ein gemeinnütziges Theater, das sich auf das Schräge, Ungewöhnliche und extrem Kreative spezialisiert hat. Selbst verloren geglaubte Filme kann man sich hier für fünf Dollar ansehen. Das gesamte Personal rekrutiert sich aus Freiwilligen, die für die Kinematografie leben: Filmemacher, Künstler, Produzenten und Schauspieler. Das kleine Kino hat 27 Plätze und ist mit hochwertiger Technik ausgerüstet.

420 MUSEUM OF THE MOVING IMAGE

36-01 35th Avenue (zwischen 36th und 37th St)
Astoria, Queens
+1 718 777 6888
www.movingimage.us

Dieses Filmtheater mit der größten Leinwand in NYC ist in einem futuristischen Hightech-Wunder untergebracht. Filmregisseure und Schauspieler tauchen des Öfteren auf, wenn ihre Filme vorgeführt werden: Neuerscheinungen, Themenfestivals und Filmklassiker. Ständige und spezielle Ausstellungen, viele von ihnen interaktiv, sind für wahre Kinofans hochinteressant.

5

FERNSEHSHOWS

mit Live-Publikum

421 **LATE SHOW WITH STEPHEN COLBERT**
IM: ED SULLIVAN THEATER
1697 Broadway (zwischen W 53rd und 54th St)
Times Square ⑥
+1 212 975 8800
www.nytix.com

Nachdem David Letterman sich von der »Late Show« zurückgezogen hatte, übernahm Stephen Colbert. Die Tickets für die Zuschauer sind schnell vergriffen, das Anstehen für die Show um 17.30 Uhr beginnt um ca. 11 Uhr. Gelegentlich werden VIP-Tickets versteigert (der Erlös geht an Wohltätigkeitsorganisationen), sie beinhalten Backstage-Pässe, bevorzugten Einlass und berechtigen zu den besten Sitzplätzen.

422 **THE TONIGHT SHOW STARRING JIMMY FALLON**
IM: NBC STUDIO 6-B
COMCAST BUILDING
30 Rockefeller Plaza
50th St Eingang
Midtown ⑥
+1 212 664 3056
www.tonightshowtix.com

Jimmy Fallons Interpretation von Late Night – die »Saturday Night Live Show« hat ihn berühmt gemacht. Man sollte spätestens um 15.15 Uhr vor Ort sein, um als Zuschauer Einlass für die Produktion um 17 Uhr zu erlangen, denn normalerweise werden mehr Tickets verkauft als Sitzplätze verfügbar sind. Tickets gibt es einen Monat vorab online.

423 **TODAY SHOW**
VOR DEM NBC STUDIO 1-A
Rockefeller Plaza
Midtown ⑥
www.visit.today.com

Die »Today Show« wird zwischen 7 und 10 Uhr live übertragen – wer sie sehen will, schließt sich der Menge an, die mit Plakaten vor dem Fenster steht. Die Moderatoren begrüßen das Publikum um 8 Uhr, also spätestens um 6 Uhr morgens dort sein, um in der ersten Reihe zu stehen. Auf der Webseite stehen Details, wie man die Gastgeber treffen kann.

424 **SATURDAY NIGHT LIVE**
IM: NBC STUDIO 8-H
30 Rockefeller Plaza
Midtown ⑥
www.nytix.com

Diese Show wurde als politisches Zeitgeist-Barometer berühmt, sie gilt aber auch als die Keimzelle zukünftiger Comedy-Talente. Man kann sich das Datum für die Eintrittstickets nicht aussuchen, die einzige Chance reinzukommen ist, sich ab 7 Uhr morgens an den Produktionstagen zwischen September und Mai anzustellen und Standby-Tickets zu ergattern. Bereits ab August kann man dafür auf der Webseite Tickets für die kommende Saison beantragen: snltickets@nbcunio.com.

425 **THE DAILY SHOW WITH TREVOR NOAH**
IM: COMEDY CENTRAL
733 Eleventh Avenue (zwischen W 51st und 52nd St)
+1 212 586 2477
www.showclix.com

Trevor Noah hat die Herausforderung angenommen, Jon Stewart im amerikanischen Format einer satirischen Late-Night-Talkshow nachzufolgen, sie wird montags bis donnerstags auf Comedy Central ausgestrahlt. Online kann man bis zu vier Tickets reservieren, man sollte sich aber schon ab mittags in die Schlange stellen, denn eine Reservierung garantiert noch lange keinen Zugang.

438 **RINK IM BRYANT PARK**

25 DINGE, DIE MAN MIT KINDERN UNTERNEHMEN KANN

Die 5 besten
SPIELPLÄTZE

426 **WASHINGTON SQUARE ASTROTURF PLAYGROUND**
MacDougal St und
Washington Sq South
Greenwich Village ④
+1 212 588 5659
www.washingtonsquareparkconservancy.org

In der Südwestecke des Washington Square Park liegt ein schimmerndes, mit künstlichem Gras belegtes Areal, wo Kinder sich austoben dürfen. Unter hohen, Schatten spendenden Bäumen hängt ein Klettergerüst aus Seilen. Während die Kinder Spaß haben, können die Erwachsenen den Straßenmusikern lauschen.

427 **PIER 51 PLAYGROUND**
Am West Side Highway
(nahe Jane St)
West Village ④
+1 212 627 2020
www.hudsonriverpark.org

Dieser Spielplatz liegt auf einer in den Hudson ragenden Anlegestelle und steht voller Klettergeräte. Duschen, Sprinkleranlagen und Bäche laden zum Herumspritzen und Abkühlen an warmen Sommertagen ein, dabei hilt auch der kleine Wagen, der Eis und Getränke verkauft.

428 **TOMPKINS SQUARE PARK**
Zwischen Avenue A
und East 7th St
East Village ④
www.nycgovparks.org

Mitten im East Village und deshalb auch nicht ganz so schick – dieser Park dient der Nachbarschaft als traditioneller Spielplatz. Daneben liegen Wiesenflächen und Basketballplätze, wo die älteren Kids Skateboard fahren. Am Nordende des Parks findet man auch ein öffentliches Schwimmbad.

429 BROOKLYN BRIDGE PARK

Am Flussufer nördl. und südl. der Brooklyn Bridge
Brooklyn Heights ⑩
www.brooklynbridgepark.org

Diese Grünfläche liegt auf der rechten (Brooklyn-)Seite des East River. Der Park umfasst mehrere Anlegestellen, auf denen eine gigantische Rutsche, Klettergerüst, Schaukeln, ein Karussell und Wasserspiele stehen. Toller Ausblick auf das Zentrum von Manhattan. Eine Menge kinderfreundlicher Entertainer machen das Angebot im Sommer komplett.

430 PIERREPONT PLAYGROUND

Pierrepont Place
(Ende Pierrepont St)
Brooklyn Heights ⑩
www.nycgovparks.org

Gleich neben der Brooklyn Heights Promenade, mit tollen Blicken auf den Financial District am Südende Manhattans. Nicht so aufwendig wie andere Spielplätze, aber die ruhige Lage verleiht ihm ein heimeliges Gefühl. Eine alljährliche Halloween-Parade und die Ostereiersuche zählen zu den wundervollen Aktivitäten.

427 PIER 51 PLAYGROUND

Die 5 besten Plätze für Kinder im

CENTRAL PARK

431 **HECKSCHER PLAYGROUND**

7th Avenue & Central Park South
Spielplatz zwischen W 61st und 63rd St
www.centralpark.com

Der älteste und größte Spielplatz am Südende des Parks, mit Rutschen, Schaukeln, Wippen und einem Aquädukt, das an die natürliche Felsformation angebaut wurde. Man kann über den Felsen laufen und dann bei den Heckscher Ballfields im Norden noch eine Runde Basketball- oder Kickball mitspielen.

432 **STATUEN: HANS CHRISTIAN ANDERSON UND ALICE IM WUNDERLAND**

Im Westen von Conservatory Water, nahe 74th St
www.centralpark.com

Ein toller Spot für Fotos: Anderson liest »Das hässliche Entlein« vor, die Ente hört ihm aufmerksam zu. Im Sommer werden am Samstagmorgen Geschichten wie »Die kleine Meerjungfrau« vorgelesen. Ganz in der Nähe steht eine Statue von »Alice im Wunderland«, die Kinder lieben es, darauf herumzuklettern.

433 **MODELLBOOT-SEGELN**

Kerbs Memorial Boathouse, nahe E 74th St
Eingang bei E 72nd oder 76th St
+1 917 522 0054
www.sailthepark.com

Ein Besuch von Conservatory Water ist wie eine Zeitreise: Seit dem späten 19. Jahrhundert kommen die Kids hierher, um Segelboote fahren zu lassen. Modellboote kann man ausleihen, eine Reservierungen ist nicht möglich, wer zuerst kommt, lässt zuerst schwimmen.

434 **BALTO STATUE**
East Drive und
E 67th St, nördl. vom
Zoo
www.centralpark.com/guide/attractions/balto.html

Hundeliebhaber unter den Kids sollten Balto besuchen, den Sibirischen Husky, der dank Buch und Film unsterblich wurde. Gleich nördlich des Tisch Children's Zoo sitzt er auf einem Felsen und wartet auf die Kinder. Die Heldentaten des echten Balto retteten einst die kranken Bewohner von Nome in Alaska.

435 **CENTRAL PARK ZOO**
nahe East 64th St und
5th Avenue
+1 212 439 6500
www.centralparkzoo.com

Die östliche Seite des Parks beheimatet viele Tiere: Großkatzen springen elegant auf Felsen, fröhliche Pinguine und Papageientaucher genießen die Fütterung, und Bären erkunden ihre Höhlen. Der Tisch-Kinderzoo ist auf die Kleinen ausgelegt, vor allem natürlich der Streichelzoo, wo sie Ziegen und Hängebauchschweine liebkosen können.

CENTRAL PARK

5 Plätze zum

SCHLITTSCHUHLAUFEN

436 **LEFRAK CENTER AT LAKESIDE**
IM: PROSPECT PARK
(nahe des Eingangs Parkside & Ocean Ave)
Brooklyn ⑪
+1 718 462 0010
www.lakesidebrooklyn.com

Wer in natürlicher Umgebung Eislaufen will, der sollte nach Brooklyn fahren. Dieses neue Schlittschuhstadion mit seinen über 5000 Quadratmetern öffnet zwischen November und März und verfügt über eine Freifläche und einen geschützten Teil unter einem modernen Dach. Im Sommer wird dieser Platz von einem Brunnen und dem Bluestone Café eingenommen, mit Sitzplätzen drinnen und draußen.

437 **THE RINK**
IM: ROCKEFELLER CENTER
45 Rockefeller Plaza
(5th Ave, zwischen 49th und 50th St)
Midtown ⑥
+1 212 332 7654
www.therinkatrockcenter.com

Von Anfang Oktober bis April macht diese klassische Eisbahn vielen Menschen Spaß. Die goldene Statue des Prometheus und andere neidische Zuschauer thronen über den Eisläufern. Nach dem Schlittschuhfahren könnte man die Kinder auch noch zum besten Lego-Laden in die Fifth Avenue mitnehmen – einfach durch die Promenade gehen.

438 **RINK**
IM: BRYANT PARK
Zwischen W 40th und 42nd St und zwischen 5th und 6th Ave
30. Oktober bis 1. Märzwoche
Midtown ⑥
+1 212 661 6640
www.bryantpark.org

Bryant Park, der hinter der majestätischen New York Public Library liegt, besitzt selbst im Sommer eine gewisse Magie, aber im Winter eben noch sehr viel mehr. Frank Sinatra trällert im Takt der Eisläufer, der Blick von der Eisfläche ist fantastisch: Der grüne Glasturm von Verizon steht gleich neben der Bank of America an der Ecke 42th Street und 6th Avenue. Während der Feiertage öffnen kleine Boutiquen mobile Ladenstände.

439 **WOLLMAN RINK**
IM: CENTRAL PARK
Ostseite des Central Park, zwischen E 62nd und 63rd St
Central Park ⑦
+1 212 439 6900
www.wollmanskatingrink.com

Und noch eine Eislaufbahn mit beeindruckenden Wolkenkratzern im Hintergrund. Manch ein Filmfan mag sich an die sich zuspitzende, wenn auch völlig voraussehbare Szene gegen Ende des Films »Weil es Dich gibt« erinnern. Die Bahn ist vom späten Oktober bis in den frühen April geöffnet, die Eislaufschule kümmert sich um Eltern und Kinder. Pure Magie.

440 **THE RINK**
IM: BROOKFIELD PLACE WITH GREGORY & PETUKHOV
230 Vesey St
Financial District ①
+1 917 391 8982
www.brookfieldplaceny.com

Wer lieber in der Nähe des Wassers in Downtown auf dem Eis läuft, der hat hier seine Bahn gefunden; sie schlägt die Rockefeller-Eislaufbahn in Größe und liegt günstig hinter dem Winter Garden und nahe am Hudson East und dem Le District Food Market. Auch hier werden Übungsstunden für Eltern und Kinder angeboten.

5

MUSEEN,
die Kinder lieben werden

441 **CHILDREN'S MUSEUM OF THE ARTS**
103 Charlton St
(zwischen Hudson und Greenwich St)
Soho ③
+1 212 274 0986
www.cmany.org

Bunt und spielerisch; dieses interaktive Museum für die Kleinen bietet Kurse für Kinder im Alter von 1 bis 15 Jahren an, in denen sie unter Anleitung von Künstlern, die vom Museum beschäftigt werden, ihre eigenen Kunstwerke schaffen können. Die Kinder finden hier ihren Raum, um sich bei Zeichnungen, Skulpturen, Musik und Stop-Motion-Animationen höchst kreativ selbst zu verwirklichen. Ausstellungen regen ihre Fantasie an.

442 **BROOKLYN CHILDREN'S MUSEUM**
145 Brooklyn Avenue
Crown Heights, Brooklyn
+1 718 735 4400
www.brooklynkids.org

Unter einem grellgelben Stahldach liegt ein Museum, das sich ausschließlich der Inspiration von Kindern widmet. Es gibt Räume, in denen gespielt wird, lehrreiche Ausstellungen wecken das Interesse an Kultur und Natur. Der Sensor-Raum ermutigt ihren Forscherdrang und wurde von Experten erschaffen, die alle Kids mit offenen Armen empfangen, auch Kinder mit Autismus. Auch Künstler interagieren mit den Kindern.

443 **AMERICAN MUSEUM OF NATURAL HISTORY**

Central Park West
(nahe W 79th St)
Upper West Side ⑦
+1 212 769 5100
www.amnh.org

Ein Ungetüm an Museum – bei dieser Größe sollte man vorausplanen. Es schließt ein: das Rose Center, das Hayden Planetarium, tägliche Space Shows und ein IMAX-Auditorium, und schließlich das Herzstück – der Titanosaurus: ein über 40 Meter langer Dinosaurier. Den Discovery Room im ersten Stock und die Millstein Hall, die das Leben des Ozeans zeigt, sollte man nicht auslassen.

444 **WHITNEY MUSEUM OF AMERICAN ART**

99 Gansevoort St
(nahe Washington St)
Meatpacking District ④
+1 212 570 3600
www.whitney.org

Gründe: 1. Den Kindern eine Renzo-Piano-Struktur zeigen und durch sie hindurchlaufen. 2. Open Studios inspiriert die Kinder mit ausgestellten Werken, selbst Kunst zu schaffen. 3. Liegt auf der High Line. 4. Bequeme Sessel mit Blick auf den Hudson für eine Ruhepause. 5. Terrasse unter freiem Himmel mit Skulpturen.

445 **CHILDREN'S MUSEUM OF MANHATTAN**

212 West 83rd St
(zwischen Broadway und Amsterdam Ave)
Upper West Side ⑦
+1 212 721 1223
www.cmom.org

Dieses fünfstöckige Museum überzeugt mit seinen spannenden Ausstellungen. Kinder bis 6 Jahre lernen hier mit viel Spaß über Kultur, Geschichte und Wissenschaft. Übungsstunden und Workshops sind darauf ausgelegt, die Kinder zu faszinieren, wie z. B. Gross Biology – auch wenn hier viele Kinder Igitt! schreien werden – oder The Music in Me!, moderiert vom Fernsehstar Laurie Berkner.

5 *kinderfreundliche*
RESTAURANTS/BARS

446 **ELLEN'S STARDUST DINER**
1650 Broadway
(nahe W 51st St)
Times Square ⑥
+1 212 956 5151
www.ellenstardust diner.com

Die Kellner sind Möchtegern-Broadway-Schauspieler, die sich irgendwie über Wasser halten müssen; hier bespaßen sie die kleinen, potenziellen Entertainer. Das Personal singt lauthals Melodien aus den Shows und ermutigt die Kids geradezu, sich auzutoben und mitzusingen, stören kann hier keiner. Die neuesten Videos auf YouTube sind selbsterklärend.

447 **HABANA OUTPOST**
757 Fulton St
(nahe South Portland Ave)
Fort Greene, Brooklyn ⑩
+1 718 858 9500
www.habanaoutpost.com

Dieser öko-freundliche Außenposten wird von April bis Oktober betrieben und tischt die gleiche fantastische Qualiät auf, wie der Stammladen in Nolita. Die Smoothies werden öko-freundlich hergestellt, der Kunde darf den Mixer über ein Fahrrad selbst antreiben. Die Bänke vor den Gartenhäuschen sind aus recyceltem Holz, außerdem gibt's eine Filmleinwand, Handwerken unter Anleitung und Kunstprojekte für Kinder.

448 **SERENDIPITY 3**
225 East 60th St
(zwischen E 2nd und 3rd Ave)
Upper East Side ⑦
+1 212 838 3531
www.serendipity3.com

Eine Fortsetzung des originalen »Serendipity«, das dank des Films nur noch berühmter wurde; die Kinder werden die Speisekarte lieben. Verführerische Süßigkeiten, wie heiße Frrrozen-Schokolade, eine Testbar für Sundaes und Pies und natürlich ein komplettes Menü für Familien mit Dim Sum, heißen Pies und Hackbraten.

449 **COWGIRL**
519 Hudson St
(nahe W 10th St)
West Village ④
+1 212 633 1133
www.cowgirlnyc.com

Dieser kitschige Laden in Wildwest-Manier ist als Cowgirl's Hall of Fame bekannt und begann in den 1980ern mit der Idee, für Nachbarn, Freunde und Familien einen Treffpunkt zu schaffen. Sehr viele Kindergeburtstage wurden hier schon mit Piñatas und Geschenktüten gefeiert. Wer mutig ist, probiert einen Frito Pie, eine Wundertüte mit knusprigen Pommes, scharfem Chili, Käse und Zwiebeln.

450 **BROOKLYN FARMACY AND SODA FOUNTAIN**
513 Henry St
(nahe Sackett St)
Carroll Gardens, Brooklyn ⑪
+1 718 522 6260
www.brooklynfarmacyandsodafountain.com

Ein Saftladen, in dem man die guten alten Desserts von NYC probieren kann: authentische Sundaes, mit hausgemachtem Sirup übergossen, Eiswaffeln, die im Hinterland von New York gebacken werden, ihre originalen Sodas und Milkshakes, die genau nach Wunsch zubereitet werden. Die Vintage-Apotheke ist so typisch Brooklyn, wie es nur möglich ist, und zieht viele Hipsters mit ihren Kindern an.

455 THE STANDARD

25 ORTE ZUM ÜBERNACHTEN

Die 5

HIPSTEN HOTELS

451 **11 HOWARD**
11 Howard St
(nahe Lafayette St)
Soho ②
+1 212 235 1111
www.11howard.com

Für alle mit Hang zum Einzigartigen. Einer der Neuzugänge der Stadt zeichnet sich durch ökofreundliche Gastfreundschaft und minimalistisch-natürliches Design aus, versetzt mit viel Kunst. Die Restaurants Le Cou Cou und The Bold zählen im Moment zu den heißesten Tipps.

452 **THE NOMAD**
1170 Broadway
(nahe W 28th St)
Nomad ⑤
+1 212 796 1500
www.thenomadhotel.com

Für alle, die ihre Finger am Puls der Zeit haben. Das einstige Lagerhaus wurde total hip umgestaltet. Das beeindruckende Beaux-Arts-Gebäude ist wunderschön, Bar und Restaurant werden mit Lob überhäuft. Nach 16 Uhr haben nur die Hausgäste Zugang zur Library Bar.

453 **THE LUDLOW**
180 Ludlow St (zwischen
Stanton und Houston St)
Lower East Side ③
+1 212 432 1818
www.ludlowhotel.com

Für alle, die unter coolen New Yorkern sein wollen. Downtown und Industrial Design bestimmen die Lobby, aufgehübscht mit Ledermöbeln aus den 1970er-Jahren. Die Zimmer sind eher altmodisch ausgestattet, mit drapierten Vorhängen und antiken Betten, die Bäder sind mit Mosaik ausgelegt. Ein Abendessen im Dirty French sollte man nicht verpassen.

454 **THE BOWERY HOTEL**
335 Bowery
(zwischen E 2nd und 3rd St)
East Village ④
+1 212 505 9100
www.theboweryhotel.com

Für Freidenker, die sich vogelfrei in der Stadt bewegen wollen. Ein Hotel mit der majestätischen Ausstrahlung der Alten Welt: verblichener Samt, Palmen in Blumentöpfen, alte Teppiche und Pagen in roter Livree. Alle wollen diese Lobby einmal betreten, aber das Privileg ist Hotelgästen vorbehalten. Gleich vor der Tür beginnt die wirkliche Welt.

455 **THE STANDARD**
848 Washington St
(nahe W 13th St)
Meatpacking District ④
+1 212 645 4646
www.standardhotels.com

Für alle, die nach Anregungen suchen. Es ist nicht der Frühstücksraum im Erdgeschoss oder die Eislaufbahn oder die deutsche Bierhalle – es ist diese tolle Lage voller Action, die es einmalig machen. Zur High Line sind es nur wenige Schritte, jedes Zimmer bietet freie Sicht durch raumhohe Fenster (die natürlich auch entsprechende Einsichten zulassen).

5 coole Hotels

MITTLERER PREISKLASSE

456 **THE MARLTON**
5 West 8th St
(zwischen 5th und 6th Ave)
Greenwich Village ④
+1 212 321 0100
www.marltonhotel.com

Für alle, die den wahren Spirit von Greenwich Village aufsaugen wollen. Distinguiertes Design hat diese ehemalige Absteige in etwas Großes verwandelt. Die Zimmer sind klein, aber wunderschön eingerichtet, mit weißen Marmorbädern und Messing-Armaturen. Die Lobby gilt als beliebter Treffpunkt für New Yorker. Nur ein Häuserblock vom Washington Square entfernt.

457 **SOHO GRAND**
310 West Broadway
(zwischen Canal und Grand St)
Soho ②
+1 212 965 3000
www.sohogrand.com

Für alle, die sämtliche Designershops durchforsten. Die bequemen, überladenen Lounges, die den zweiten Stock verschönern, kommen nie aus der Mode. Der Gast kann in den gemütlichen, luxuriösen Zimmern entspannen, die in beige- und graubraunen Tönen gehalten wurden, immer in der Gewissheit, Soho ganz nah zu sein – aber eben am ruhigen Ende.

458 **ARCHER HOTEL**

45 West 38th St
(zwischen 5th und 6th Ave)
Midtown ⑥
+1 212 719 4100
www.archerhotel.com

Für alle, die tolle Ausblicke für weniger Geld suchen. Ein weitläufiges Hotel in einer Gegend, die ganz nah an allem und doch ein wenig entfernt vom Getümmel liegt. Das Restaurant des gefeierten David Burke verwöhnt die Gäste gleich hinter der Lobby, und die Bar Spyglass auf der Dachterrasse fasziniert mit einem einzigartigen Ausblick auf das Empire State Building. Die Zimmer sind klein, aber mit durchdachten Details eingerichtet.

459 **GILD HALL**

15 Gold St (zwischen Platt St und Maiden Lane)
Financial District ①
+1 212 232 7700
www.thompsonhotels.com

Für alle, die im ältesten Teil Manhattans wohnen wollen. Die langweilige Ziegelfassade täuscht, denn dahinter befindet sich ein Hotel, das der Jagdhütte eines Gentleman gleicht – ganz in braunem Leder und poliertem Holz. Die Zimmer sind erstaunlich groß, mit Marmorbädern. Die U-Bahn-Station ist gleich in der Nähe, Ausflüge in den oberen Teil der Stadt werden so erleichtert.

460 **WALKER HOTEL**

52 West 13th St
(zwischen 5th und 6th Ave)
Greenwich Village ④
+1 212 375 1300
www.walkerhotel.com

Für alle, die das Village lieben und gern überall zu Fuß hingehen. Die Gaslaternen im Eingang rufen Erinnerungen an vergangene Zeiten hervor. Die Lobby mit ihren Samtsofas und dem offenen Feuer hat einen Hauch von Grandeur, die Zimmer sind von ordentlicher Größe und für einen fairen Preis zu buchen, Art déco bestimmt den Geschmack. Links und rechts von der Eingangstür gibt es reichlich zu tun und zu sehen.

5
LUXUS-HOTELS

461 **THE MARK**
25 East 77th St
(nahe Madison Ave)
Upper East Side ⑦
+1 212 744 4300
www.themarkhotel.com

Für den anspruchsvollen Design-Connaisseur. Ein Hotel mit hoch edlem Design von Jacques Grange in Manhattans elegantestem Viertel. Ausstattung und Service reichen über den 5-Sterne-Standard hinaus, private Telefonnummern können gestellt, ein Auto mit Fahrer kann organisiert werden, und das Glück der Kinder liegt in den Spielzelten und dem Gebäck von The Mark, dem Restaurant von Jean-Georges Vongerichten.

462 **THE PIERRE**
2 East 61st St
(nahe 5th Ave)
Upper East Side ⑦
+1 212 838 8000
www.thepierreny.com

Für alle, die den zeitlosen Luxus der Alten Welt suchen. Geschichte und Schönheit vereinen sich hier, deshalb wird diese Luxusherberge auch oft für Filmszenen genutzt. Die Wandmalereien in The Rotunda wurden erst kürzlich renoviert (man findet Jackie O. darin). Hinter der Lobby liegt die Two E Bar, ein Geheimtipp in NYC, mit Sicherheit eines der edelsten Lokale, um sich auf einen Cocktail, Snack oder Tee am Nachmittag zu treffen. Die Zimmer sind recht gediegen ausgestaltet.

463 **NOMO**
9 Crosby St
(zwischen Howard und Grand St)
Soho ②
+1 646 218 6400
www.nomosoho.com

Für alle Liebhaber von Märchen und Shopping. Dieses von Jean Cocteaus »La Belle et la Bête« inspirierte Hotel verführt den Gast mit seinem romantischen Innenhof, um dessen Metallstreben sich der Efeu rankt. Das Restaurant wird dank seines Glasdachs von Sonnenlicht geflutet, das die Kronleuchter magisch reflektieren. Sonderleistungen des Service sind individuelle Shoppingberatung und Schneiderdienste auf dem Zimmer.

464 **WILLIAM VALE HOTEL**
111 North 12th St
(zwischen Wythe Ave und Berry St)
Williamsburg ⑨
+1 718 631 8400
www.thewilliamvale.com

Für alle, die Williamsburg stilvoll erleben wollen. In spektakulärem, futuristischem Design ragt das Werk von Albo Liberis in voller Dramatik über Brooklyn. Jedes Zimmer wurde mit dem Werk eines lokalen Künstlers bestückt und hat einen Balkon mit freiem Blick. Die Bar auf der Dachterrasse gilt als neuester In-Treffpunkt, Fernrohre stehen auf der Terrasse und laden zum Hinschauen ein.

465 **CROSBY STREET HOTEL**
79 Crosby St
(zwischen Prince und Spring St)
Soho ②
+1 212 226 6400
www.firmdalehotels.com

Für alle, die wohlige Eleganz suchen. Das edle, friedvolle Ambiente empfängt den Gast schon beim Eintreten in dieses öko-bewusste Hotel. Es wurde von Grund auf neu gebaut, jedes Zimmer indviduell vom Londoner Designer Kit Kemp gestaltet, Blickfang sind die riesigen Fenster, die für ein Maximum an Licht sorgen. Die Crosby Bar ist ein beliebter Treffpunkt in New York für Cocktails und den Nachmittagstee.

5 Hotels fürs
KLEINE BUDGET

466 **POD 39 HOTEL**
145 East 39th St
(zwischen 3rd und Lexington Ave)
Murray Hill ⑥
+1 212 865 5700
www.thepodhotel.com

Für alle, die sowieso nur unterwegs sind. Effiziente, kompakte Zimmer, die alles haben, was man in NYC braucht und noch Geld zum Ausgeben übrig lassen. Eine etwas skurrile Dachterrasse, der In-Treffpunkt Salvation Taco und eine bunte Lobby mit Platz zum Entspannen werden zum Paradies auf Zeit.

467 **THE GATSBY HOTEL**
135 E Houston St
(nahe Forsythe St)
Lower East Side ③
+1 212 358 8844
www.gatsbyhotelnyc.com

Für jene, die alle Bars auf der Lower East Side ausprobieren möchten. Der unscheinbare Ziegelbau mit seinen geschmackvollen, schlichten Zimmern liegt direkt an der Grenze zu Lower East Side, East Village und Nolita. Das Personal ist freundlich und hilfsbereit. Achtung: Einige Zimmer liegen im Keller (C-Etage).

468 **THE JANE HOTEL**
113 Jane St
(zwischen Washington und West St)
Meatpacking District ④
+1 212 924 6700
www.thejanenyc.com

Für alle, die einfach nur ein Bett in einem lebendigen Hotel wollen. Die Zimmer sind winzig, meist ohne Bad, in viktorianischem Stil. Hier waren die Überlebenden der »Titanic« untergebracht! Die grandiose, quirlige Bar im Ergeschoss ist in, und das Hotel hat eine fantastische Lage.

469 **COLONIAL HOUSE INN**

318 West 22nd St
(zwischen 8th und 9th Ave)
Chelsea ⑤
+1 212 243 9669
www.colonialhouseinn.com

Für alle, die eine kuschelige Atmosphäre schätzen. Ein Gästehaus mit klarer Tendenz zu schwuler Kundschaft, aber selbstverständlich allen zugänglich. Die Hälfte der 20 Zimmer hat ein eigenes Bad. Außerdem gibt es Suiten mit Platz für fünf Personen, eine davon mit Blick auf einen privaten Garten, die andere mit Kitchenette.

470 **RIFF CHELSEA HOTEL**

300 West 30th St
(nahe 8th Ave)
Chelsea ⑤
+1 212 244 7827
www.riffchelsea.com

Für jene, die nur wenig brauchen. Das fröhliche Hotel mit seinen kompakten Zimmern mit grafischen Mustern und dem 80er-Rock-Motto liegt im Niemandsland nahe Chelsea und Nomad. Ein paar Zimmer teilen sich ein Bad, eine Suite ist ideal für Familien mit Kindern und eine Gruppen-Suite für bis zu zwölf Personen. Offener Innenhof. Kein Aufzug.

468 **THE JANE HOTEL**

5 Boutiquehotels

AUSSERHALB MANHATTANS

471 **McCARREN HOTEL AND POOL**
160 North 12th St
(zwischen Bedford Ave und Berry St)
Williamsburg ⑨
+1 718 218 7500
www.mccarrenhotel.com

Für alle mit einer Bikini-Figur. Die Zimmer dieses Hotels gehen auf einen der größten Swimmingpools New Yorks. Das Design ist minimalistisch, fröhlich, mit knalligen Farbeneffekten, vor allem auf der Dachterrasse Sheltering Sky, wo es Ausblicke und handgemachte Cocktails satt gibt. Das Oleanders serviert am Wochenende Brunch von 10 bis 15 Uhr.

472 **THE BROOKLYN – A HOTEL**
199 Atlantic Avenue
(zwischen Clinton und Court St)
Brooklyn Heights, Brooklyn ⑩
+1 718 789 1500
www.thebrooklynny.com

Für alle, die Brooklyn für wenig Geld entdecken möchten. Das Hotel liegt im rasch gentrifizierenden, aber immer noch düsteren Bed-Stuy, etwa eine halbe Stunde mit der U-Bahn von Manhattan entfernt. Die Gästezimmer reihen sich wie Eisenbahnabteile aneinander, sie sind groß und mit nostalgischen Wandmalereien von Ikonen der Brooklyner Innenarchitektur ausgestattet. Schöne Badezimmer. Kein Zimmerservice, aber Frühstücksbüfett in der Lobby.

473 **BORO HOTEL**
38-28 27th St (zwischen 38th und 39th Ave)
Long Island City
+1 718 433 1375
www.borohotel.com

Für alle, die dem Multikulti-Essen des Astoria ganz nah sein wollen. Gegenüber der Upper East Side von Manhattan liegt eine Gegend, die gerade neu erfunden wird. Dieses Hotel bietet tolle Aussichten zu einem guten Preis. Die Zimmer haben verglaste Außenwände mit Balkonen, dahinter dominieren rohe Betonwände, die auf weiße Eichenparkettböden treffen. Und klar, eine Dachterrasse.

474 **THE WILLIAMSBURG HOTEL**
96 Wythe Avenue (nahe N 10th St)
Williamsburg ⑨
+1 718 362 8100
www.thewilliamsburghotel.com

Für die Ultramodernen. Das nüchterne, schmale Gebäude täuscht, stilistische Freuden verstecken sich im Innenleben. Tieftürkis geflieste Badezimmer mit Armaturen aus Messing locken, ein Mix aus plüschigem, natürlichem Leder und coolen Parkettböden aus recyceltem Holz schafft ein heimeliges Ambiente. Drei verschiedene Bars, eine davon auf dem Dach, als Wassertank getarnt.

475 **NU HOTEL**
85 Smith St (zwischen Atlantic Ave und State St)
Brooklyn Heights, Brooklyn ⑩
+1 718 852 8585
www.nuhotelbrooklyn.com

Für die Beweger und die Bewegten. Klare Linien mit einem Hauch von Glamour in einem von Brooklyns originellen Boutiquehotels. Verspielte Details wie Hängematten und bunte Wandmalereien von Straßenkünstlern prägen die Zimmer. Das rund um die Uhr geöffnete Fitnesscenter und die coolen Designer-Bikes zum Ausleihen sorgen für Bewegung.

495 **CONEY ISLAND**

25 AKTIVITÄTEN FÜRS WOCHENENDE

Die 5 besten
TAGESAUSFLÜGE

476 **SANDY HOOK BEACH FERRY**
3-mal in Manhattan
+1 800 262 8743
seastreak.com/daytrips-and-getaways/sandy-hook-beach/

Eine Fahrt durch den Hafen mit einem Cocktail, dann weiter zum Strand – das alles in nur 40 Minuten. Hier findet man einen familienfreundlichen Strand (mit einem Abschnitt am Ende, an dem Textilien nicht zwingend sind und schwule Männer flanieren). Die Strände füllen sich schnell, also besser früh anreisen.

477 **ASBURY PARK**
Ocean Avenue (zwischen Asbury und Sunset Ave)
Asbury Park, NJ
+1 732 897 6500
www.apboardwalk.com

Eine Strandgegend, die aber derzeit cool aufgepeppt wird. An der Uferpromenade stehen das flippige Asbury Hotel und die deutsche Asbury Festhalle & Biergarten. Talula's backt gesunde Pizzen, ein Lagerhaus verkauft Designerware. 1,5 Stunden im Auto oder zwei Zugstunden von NYC.

478 **DIA: BEACON**
3 Beekman St
Beacon, NY
+1 845 440 0100
www.diaart.org

Nahe der Bahnstation liegt ein Museum, das Kunst hortet. Die überdimensionierten Räume sind Konzeptkünstlern aus den 1960er-Jahren gewidmet und sind Teil des Gesamtkunstwerks. Danach noch auf den Beacon Flea Market für Kunsthandwerk und zur Denning's Point Distillery für Verkostung und Musik.

479 NORTH FORK WINE TOURS

714 Main St.
Greenport, NY
Long Island
+1 631 723 0505
www.northfork winetours.com

Am ruhigen Ende von Long Island liegen 40 Weingüter, ideal, um Ruhe und Landidylle zu genießen. Ausflugspakete enthalten Hin- und Rückfahrt und Verkostungen in den Gütern oder Bierbrauereien. Man kann auch in solch einem Weingut essen und dabei einiges über die Weine auf Long Island dazulernen.

480 GOVERNORS ISLAND

New York Harbor
www.govisland.com

Auf der Insel im Hafen von Manhattan hat man zwischen Mai und Oktober das Gefühl, man sei Meilen entfernt. Perfekt für ein Picknick, eine Radtour oder einen Spaziergang vor tollem Panorama. Außerdem werden Kunstmessen, Lesungen und Festivals veranstaltet. Die Fähren legen in Manhattan und Brooklyn ab.

477 ASBURY PARK

5 gemütliche Wochenenden in den CATSKILLS

481 **WANDERN**
www.catskillmountaineer.com/hiking.html

Ein hilfreicher Führer, der die Gäste durch die Wildnis begleitet – zu Fuß. Diese Webseite enthält topografisches Kartenmaterial für Wanderungen durch die Catskills, inklusive Meilenangabe und Laufzeiten, Schwierigkeitsgraden und einer Beschreibung des Terrains. Die Beschaffenheit der Wege wird klar dargestellt und durch Bilder verdeutlicht. GPS-Koordinaten sind eingefügt – dann kann's losgehen, es fehlt nur noch die Brotzeit!

482 **SPRUCETON INN**
2080 Spruceton Road
West Kill, NY
+1 518 989 6404
www.sprucetoninn.com

Die frische Luft spürt man schon beim Betrachten der Fotos auf der Webseite. Dieses B&B – was hier für Bett & Bar steht – mit seinen kargen und rustikalen Zimmern liegt versteckt in den Hügeln von West Kill. Auf dem Grundstück stehen Feuerstellen zur Verfügung, mangels Lichtverschmutzung leuchtet der Nachthimmel voller Sterne. Dank der Küchenzeile und der Grillplätze kann man auch mal beim benachbarten Bauern einkaufen.

482 SPRUCETON INN

481 WANDERN

483 **WEST KILL BREWING**

2191 Spruceton Road
West Kill, NY
+1 518 989 6462
www.westkillbrewing.com

Mitten im Nirgendwo stößt man auf Bier aus lokal angebauten und gesammelten Zutaten, ganz so, wie es die frühen Siedler dieser Gegend wohl machten. Fruchtige Biere enthalten Sauerkirschen, Holunder, Preiselbeeren und Äpfel – ungewöhnliche Geschmacksrichtungen werden aus Pilzen und Fichtensprossen gewonnen. Die 51 ha große Farm liegt an einer Straße mit schönen Wanderwegen.

484 **BRUSHLAND EATING HOUSE**

1927 County Highway 6
Bovina Center, NY
+1 607 832 4861
www.brushland eatinghouse.com

Kneipe, Restaurant und Laden, die an Kolonialzeiten erinnern, als Lokale die einzigen gesellschaftlichen Treffpunkte waren. Das Restaurant in dem Dorf mit einer einzigen Straße überzeugt mit seiner einfachen, erlesenen Speisekarte und wird von einem Trio betrieben, das sich aus Brooklyn hierher zurückgezogen hat. Übernachtet wird in hellen Räumen mit rustikalen Holzmöbeln.

485 **THE BEAR CAFÉ**

295 Tinker St (Route 212)
Woodstock, NY
+1 845 679 5555
www.bearcafe.com

In einer früheren, bei Rock-'n'-Roll-Bands beliebten Bar, die idyllisch an einem Bachlauf liegt, haben sich ein paar Jugendfreunde zusammengetan und ein edles Speiserestaurant eröffnet. Eine quadratische Bar dominiert den holzgetäfelten Speiseraum, der von geschnitzten Balken durchzogen und einem hübschen Kamin geschmückt wird. Daneben steht das Bearsville Theater, wo immer noch bedeutende Konzerte stattfinden oder die einheimischen Bands spielen.

5 malerische
ALTE ORTSCHAFTEN

486 **LAMBERTVILLE HOUSE**
32 Bridge St
Lambertville, NJ
+1 609 397 0200
www.lambertvillehouse.com

Lambertville wurde 1705 gegründet, ist historisch faszinierend, und hat sich den Großteil seiner alten Architektur bewahrt. Ein toller Ort fürs Shoppen – berühmt auch für die Antiquitätenläden –, für einen Spaziergang am Fluss und zum Genießen kleiner Restaurants wie Lambertville House, das auch ein Hotel ist. Die Howell Living History Farm zeigt Kindern, wie das Leben auf einem Bauernhof in den Jahren um 1900 funktioniert hat. New Hope auf der anderen Flussseite ist kommerzieller.

487 **VILLAGE OF COLD SPRING**
85 Main St
Cold Spring, NY
+1 845 265 3611
www.coldspringny.gov

Die reizvolle Fahrt mit der Hudson Line führt in ein charmantes Städtchen am Fluss. Die Main Street beginnt am Bahnhof, und auf beiden Straßenseiten reihen sich Vintage-Shops, Galerien und Restaurants, die mit erschwinglichen Preisen verführen. Ein Wanderweg steigt bis zum Little Stony Point an, von wo aus man den Fluss und die Wege durch die West Pint Foundry Preserve, ein Naturreservat, überblickt.

488 **THE TIME NYACK**

400 High Avenue
Nyack, NY
+1 845 675 8700
www.thetimehotels.com/nyack

Am Hudson, auf der New-Jersey-Seite, liegt ein malerisches Städtchen, das für nette Läden und Restaurants bekannt ist. Auf dem höchsten Punkt der Stadt steht das Boutiquehotel The Time. In den Hook Mountains kann man wandern; oberhalb des Hudson wartet Kykuit, ein Rockefeller-Anwesen auf Besichtigung, und auch die Lyndhurst Mansion und das berühmte Restaurant Blue Hill at Stone Barns freuen sich über Besuch.

489 **VILLENBESICHTIGUNG IM HYDE PARK**

4097 Albany Post Road
Hyde Park, NY
+1 845 229 9115
www.nps.gov/vama

Hier kann man zwei spektakuläre Anwesen an einem Tag bewundern: das der Familie Vanderbilt und das von Franklin D. Roosevelt. In der Stadt erwartet die tolle Main Street ihre Besucher, und eine kurze Autofahrt führt zum ehrwürdigen Culinary Institute of America. Gästehäuser und ordentliche, günstige Hotels bieten Übernachtungen. Das nahe Poughkeepsie lädt zum Panorama-Spaziergang oberhalb des Hudson ein.

490 **TOUR OF HUDSON NEW YORK**

www.gotohudson.net

Eine 2,5-stündige Fahrt führt nach Hudson, einem Städtchen mit historischen Häusern, Antiquitätenläden und kleinen Siedlungen, wo die Wochenendhäuser der VIPs aus Manhattan stehen. Liebenswert: 26 Warren B&B Gästehaus und die Rivertown Lodge, The Spotty Dog Books & Ale, Ca' Mea, Moto Coffee Machine. Für Kunstliebhaber: Olana State Historic Site. Anreise auch mit dem Amtrak.

5 tolle Ausflüge in ANDERE BEZIRKE

491 **WAVE HILL**
West 249th St
(nahe Independence Ave)
Riverdale, The Bronx
+1 718 549 3200
www.wavehill.org

Hoch über dem Hudson liegt ein gut 11 ha großer Park, dessen Panorama seit 1843 unverändert ist. Ideal für Spaziergänge durch Gärten und zwischen Gewächshäusern; eine Villa zeigt Kunstausstellungen und lädt in ein nettes Café. Entweder den Zug von der Gran Central nach Riverdale oder die Linie 1 der U-Bahn bis zur Endstation nehmen – von dort fährt ein Shuttle nach Wave Hill.

492 **CITY ISLAND**
Long Island Sound
The Bronx
www.cityisland.com

Eine malerische Insel mit viktorianischen Häuschen entlang des Ufers und italienischen Restaurants, die auf frische Meeresfrüchte spezialisiert sind. Jack's Bait & Trackle bietet Fiberglasboote für vier Personen an, und das New York Sailing Center verschiedene Segelkurse. In weniger als 1,5 Stunden ist man hier: Den Zug Nr. 6 bis Pelham Bay Park nehmen, dort gibt es einen Transfer-Bus (BX 29) nach City Island.

495 CONEY ISLAND

493 **FOODIE TOUR: ASTORIA**

30th Avenue und
Ditmars Boulevard
Astoria, Queens

Queens ist kulturell gesehen das vielfältigste aller Viertel in NYC, ebenso bunt sind seine Restaurants. Startpunkt ist Ditmars Blvd (The Pomeroy), ab hier von der 30. bis 33. Avenue zu: Il Bambino (großartige Panini), Milkflower, Vesta, Queens Comfort, Sugar Freak. Griechische Spezialitäten: Taverna Kyclades, Astoria Seafood, Bahari Estiatoro, Agnanti. Südlich, auf dem Steinway, liegt Little Egypt mit seinen Shisha-Lounges.

494 **SAMMLERTOUREN**

+1 914 835 2153
www.wildman stevebrill.com

Der Lokalmatador Steve Brill führt Naturwanderungen und erklärt, welche Pflanzen essbar sind. Auf Touren durch Bronx, Brooklyn, Queens, Westchester und Putnam lernt man, Genießbares von Tödlichem zu unterscheiden. Brill organisiert diese Touren regelmäßig, als Spende sind 20 Dollar angemessen. Vorab sollte man aber das Thema einer Führung in Erfahrung bringen.

495 **CONEY ISLAND**

Corbin Place
bis West 37 St
Coney Island,
Brooklyn
+1 718 946 1353
www.coneyisland.com

Coney Island ist voll kitschiger Attraktionen, außerdem gibt es ein Volleyballfeld, einen Spielplatz und einen Vergnügungspark mit viel Geschichte – und natürlich einen Strand, an dem fast alles erlaubt ist. Tipps: Nathan's Hot Dog Imperium, eine Runde auf einer alten Achterbahn und auf dem Riesenrad. Im Aquarium kann man die Fütterungen beobachten. Im Sommer werden Konzerte und die berühmte Mermaid Parade organisiert.

5 Schätze auf
LONG ISLAND

496 **POLLOCK-KRASNER HOUSE AND STUDY CENTER**
830 Springs-Fireplace Road
East Hampton, NY
+1 631 324 4929
www.stonybrook.edu/pkhouse

Das Haus, in dem die Künstler Jackson Pollock und seine Frau Lee Krasner tranken, stritten und Kunst schufen. Originale Dielenböden mit Farbspritzern von Pollocks berühmten geschütteten Malereien können bestaunt werden, dazwischen stehen die Möbel des Ehepaars; außerdem gibt es Ausstellungen über spezielle Themen von lokalen Künstlern. Von Mai bis Oktober geöffnet. Im Veranstaltungskalender informieren, wer bei Lesungen und Vorträgen auftritt.

497 **OCEAN BEACH**
Fire Island
+1 631 687 4750
nps.gov/fiis

Diese autofreie Insel besteht aus Privathäusern, einem Naturpark und dem Ocean Beach – einem Abschnitt mit Restaurants, Bars und Boutiquen entlang der sandigen Bucht. Nachts wird getanzt und gefeiert. Am Strand sind aber weder Essen noch Trinken erlaubt. In der Wochenmitte gibt es das Taste of Fire Island, das heißt Sonderpreise fürs Abendessen. LIRR von der Penn Station, dann 2,5 Stunden weiter mit der Fähre.

498 **SAGG MAIN BEACH**
315 Sagg Main St
Sagaponack, NY
+1 631 728 8585

Einer jener abgelegenen Strände – soweit es das in den Hamptons noch gibt –, der viele Besucher anzieht. Der Strand ist öffentlich, aber man braucht einen Parkschein – der Tagespass für Nicht-Einheimische kostet 25 Dollar. Am Montagabend finden ein super relaxter Trommelkurs statt und ein wenig Tanz unter freiem Himmel.

499 **TOPPING ROSE HOUSE**
One Bridgehampton/
Sag Harbor Turnpike
Bridgehampton, NY
+1 631 537 0870
*www.toppingrose
house.com*

Dieses teure Hotel (1000 Dollar und mehr) kostet im Winter nur 295 Dollar pro Nacht. Die reizende Villa von 1842 im griechischen Stil glänzt mit einem gut versteckten SPA und elegantem, modernem Design. Leihfahrräder und edle Leihwagen werden angeboten, außerdem Transfers und Fahrten zum Strand. Das Restaurant mit Essen von lokalen Erzeugern wird vom berühmten Jean-Georges Vongerichten geleitet.

500 **SHELTER ISLAND**
Mashomack Preserve
Long Island, NY
+1 631 749 1001
www.shelter-island.org

In den 1980er-Jahren wurde die Insel von The Nature Conservancy gekauft, etwa ein Drittel von Shelter Island ist für den Schutz von seltenen Pflanzen und Vögeln reserviert – vor allem als Brutstätte für Fischadler. Zu ihrem Schutz sind weder Haustiere noch irgendwelche Lebensmittel auf den gewundenen Pfaden erlaubt. Am besten eine Tour buchen. Uber oder Lyft fahren von North Haven/South Ferry bis zur Anlegestelle.

REGISTER

IMPRESSUM

DEUTSCHE AUSGABE © 2019 BRUCKMANN VERLAG GMBH, MÜNCHEN

AUTOREN — Michiel Vos und Ellen Swandiak

GRAFISCHES DESIGN — Joke Gossé und Tinne Luyten

FOTOS — Erinn Springer - www.springerinn.com

ZUSÄTZLICHE FOTOS — Aliza Fox - S. 251: Casey Scieszka

FOTOSATZ — Anneliese Kristedja

COVERFOTO — Promenade am Battery Park (Secret 314), © Lumiere/eStock Photo

DEUTSCHE ÜBERSETZUNG – Christine Eß

PROJEKTLEITUNG – Ulrich Jahn

LEKTORAT – Dr. Juliane Braun

KORREKTORAT – Sonja Woyzechowski

HERSTELLUNG – Alexander Knoll

Printed in Slovenia by Florjancic

ISBN 978-3-7343-1283-0

Alle Angaben dieses Werkes wurden von den Autoren sorgfältig recherchiert und auf den neuesten Stand gebracht sowie vom Verlag geprüft. Für die Richtigkeit der Angaben kann jedoch keine Haftung übernommen werden. Sollte dieses Werk Links auf Webseiten Dritter enthalten, so machen wir uns die Inhalte nicht zu eigen und übernehmen für die Inhalte keine Haftung.

★★★★★

Sind Sie mit diesem Titel zufrieden? Dann würden wir uns über Ihre Weiterempfehlung freuen. Erzählen Sie es im Freundeskreis, berichten Sie Ihrem Buchhändler, oder bewerten Sie bei Onlinekauf. Und wenn Sie Kritik, Korrekturen, Aktualisierungen haben, freuen wir uns über Ihre Nachricht an Bruckmann Verlag, Postfach 40 02 09, D-80702 München oder per E-Mail an lektorat@verlagshaus.de.

Unser komplettes Buchprogramm finden Sie unter www.bruckmann.de

Die Deutsche Nationalbibliothek verzeichnet diese Publikation in der Deutschen Nationalbibliografie; detaillierte bibliografische Daten sind im Internet über http://dnb.d-nb.de abrufbar.